Cultura negra

e ideologia do recalque

Marco Aurélio Luz

Cultura negra

e ideologia do recalque

3ª edição

EDUFBA PALLAS

Rio de Janeiro, 2010

(Este livro segue as novas regras do Acordo Ortográfico da Língua Portuguesa.)

Projeto gráfico e editoração
Josias Almeida Jr.

Capa
Luis Saguar
Rose Araujo

Revisão
Tânia de Aragão Bezerra

Normalização
Normaci Correia dos Santos

Imagem da capa: Iya Ibeji A Mãe dos Gêmeos

Escultura e foto
Marco Aurélio Luz

Sistema de Bibliotecas - UFBA

Luz, Marco Aurélio.
Cultura negra e ideologia do recalque / Marco Aurélio Luz ; prefácio Joel Rufino dos Santos. - 3. ed. - Salvador : EDUFBA ; Rio de Janeiro : PALLAS, 2010.
159 p.

ISBN 978-85-232-0659-8
ISBN 978-85-347-0435-9

1. Negros no cinema - Brasil. 2. Negros - Brasil - Religião. 3. Negros - Brasil - Literatura. 4. Cultos afro-brasileiros. 5. Negros - Brasil - Arte. 6. Antropologia - Brasil. I. Título.

CDD - 305.896081

ASOCIACION DE EDITORIALES UNIVERSITARIAS DE AMERICA LATINA Y EL CARIBE
Associação Brasileira das Editoras Universitárias
CBaL Câmara Bahiana do Livro

EDUFBA
Rua Barão de Jeremoabo, s/n Campus de Ondina
CEP 40.170-115 Salvador-Bahia-Brasil
Telefax: (71) 3283-6160/6164
edufba@ufba.br www.edufba.ufba.br

Pallas Editora e Distribuidora Ltda.
Rua Frederico de Albuquerque, 56
Higienópolis - Rio de Janeiro - RJ
CEP 21050-840
www.pallaseditora.com.br
pallas@pallaseditora.com.br

Aos meus pais *in memorian*
Waldyr e Célia

Sumário

CAPÍTULO III

CAPÍTULO IV

CAPÍTULO V

CAPÍTULO VI

APRESENTAÇÃO

Era e é um enorme entulho ideológico a remover para abrir passagem e constituir novos caminhos epistemológicos que permitissem uma percepção adequada de nosso riquíssimo patrimônio civilizatório africano-brasileiro.

Primeiramente, vivendo no Rio de Janeiro, na ambiência das fronteiras da territorialização entre "o morro e o asfalto", foi no morro D. Marta, dentre outros, percorrendo as sendas dos terreiros de Umbanda, que comecei a atravessar o véu de recalque presente na atmosfera do espaço institucional colegial e universitário, fonte de alimentação e reprodução da Razão de Estado totalizante e europocêntrica.

Em 1972, cheguei a escrever e publicar "Umbanda contra quimbanda" no livro *O segredo da macumba*, em coautoria com Georges Lapassade. Eram as primeiras aproximações com um universo de instituições, linguagens e valores, sociabilidades que me levariam ao destino de ser Oju Oba e Elebogui em comunidades da religião tradicional afro-brasileira na Bahia.

Essa trajetória de elaboração de luto, de perda das referências acadêmicas conquistadas, se processa com mais intensidade e consistência quando conheci através de Muniz Sodré a comunidade do terreiro Ilê Agboula, em 1973, na ilha de Itaparica.

Foi um impacto maravilhoso. Naquela ocasião, caminhamos pela trilha verdejante iluminada pelo clarão da lua até avistarmos a aldeia no alto do Bela Vista, e como diz a cantiga: *Ala lé ta pé awo*/ a noite chega envolvendo tudo em mistério.

Com os primeiros toques do agogô somos chamados ao ilê nla onde se iniciou o xirê, a cerimônia de culto à Baba Egun, os ancestrais masculinos da religião nagô.

No final desse mesmo ano, vim a conhecer Mestre Didi, Axipá, Alapini, um dos mais lídimos representantes da cultura nagô. Foi e é através dele, primordialmente, que me integrei numa nessa cultura e civilização milenar e, desde 1974, venho percorrendo ao lado do Mestre um caminho de realizações num percurso de lutas, desafios e conquistas com entusiasmo e alegria de viver. Essa honrosa convivência que atravessa a fundação e criação de diversas instituições me motiva a participar da elaboração e divulgação de um pensamento que legitime e valorize a pujante presença das culturas afro-brasileiras no conglomerado nacional.

Nessa trajetória, inúmeras pessoas com certeza navegam nessa ambiência criadora, cada uma a seu modo, concorrendo para a realização dos postulados da tradição garantidos e norteados por Mestre Didi.

Na minha trajetória de autor, *Cultura negra e ideologia do recalque* tem uma importância primordial. Constitui-se na ultrapassagem crítica das percepções equivocadas do recalque dos discursos acadêmicos e afins que se divulgam e se desdobram extramuros universitários através dos estereótipos da discriminação e preconceitos.

Essa terceira edição está acrescentada de alguns textos que julgo enriquecê-la, no intuito de elaborar formas de superação do recalque e, ao mesmo tempo, por outro lado, concorrer para nossa afirmação socioexistencial.

Portanto, essa edição se torna necessária primeiramente porque apesar dos avanços na superação dos desafios, ainda permanecem as condições que motivaram a primeira edição. Em segundo lugar, porque os textos acrescentados, alguns que foram publicados no jornal *A Tarde*, fornecem novos elementos que fortalecem os argumentos para que possamos travar com sucesso as lides ideológicas.

É com essa intencionalidade de esperança, de utopia comunitária do desejo de ampliar nosso direito à existência livre, que compartilho com o leitor de *Cultura negra e ideologia do recalque* o prazer do saber com satisfação e alegria interior.

Devo também nesta oportunidade agradecer à Coordenação dos Cursos de Pós-Graduação da Escola de Comunicação da Universidade Federal do Rio de Janeiro (UFRJ), na pessoa do Professor Emmanuel Carneiro Leão, que teve o necessário descortino e a sensibilidade para possibilitar-me a realização de inúmeras das pesquisas participantes no Estado da Bahia.

Finalmente, desejo agradecer a todos os colegas e amigos que vêm incentivando e apoiando nosso trabalho.

Ipitanga, 12 de agosto de 2009
Marco Aurélio Luz

PREFÁCIO

No penúltimo evento da Sociedade de Estudos da Cultura Negra no Brasil – SECNEB (que se realiza, anualmente, em Janeiro, na Bahia), fomos obrigados a um grande esforço de retórica para demonstrar aos cineastas presentes uma coisa óbvia: o preconceito racial e cultural embutido em alguns filmes famosos (*Deus e o Diabo na Terra do Sol*, de Glauber Rocha, por exemplo). Recentemente, tive outra amostra desta burrice peculiar a brasileiros inteligentes: protestando, em nome do Memorial Zumbi, contra o preconceito de raça e cultura embuçado na campanha – aparentemente generosa de mudar o nome do burgo pernambucano de Exu, nos acusaram de estar vendo chifre em cabeça de burro.

Fez parte do nosso preconceito não admitir que somos preconceituosos – e tão burramente que cansa malhar este ferro frio. O melhor é ir produzindo quietos, sem provocações, um conhecimento diverso deste que está aí. A Sociedade de Estudos da Cultura Negra no Brasil (SECNEB), por exemplo, acumulou nos últimos anos uma notável fé de ofício, do seminário ao filme. (Na sua última reunião anual, a boa novidade foi a presença de diretores de afoxés, de Salvador, trazendo a debates suas perspectivas de ação cultural e/ou comunitária).

Vejo como principal consequência dessa produção variada (e não só o SECNEB, naturalmente, a vem patrocinando) uma definição, mais aproximada, do que é ser negro nesta parte do mundo. (A totalidade dos fenômenos que nos interessa não está, é claro, encerrada neste campo de força, mas é através dele que um número cada vez maior de estudiosos acredita dar um passo à frente no conhecimento do homem negro).

Marco Aurélio não escolheu a religião, a literatura e a representação do negro no cinema por acaso. São óticas para enxergar, no fundo, o ser negro brasileiro. Ele começa por afastar os obstáculos metodológicos e epistemológicos à construção de uma antropologia negra – acabando por decidir que só é ela possível "desde dentro para desde fora": "Seria então a pesquisa feita *desde dentro para desde fora* que poderia traduzir no código da cultura do antropólogo, os significados do código da cultura estudada, e é a partir deste ponto, que acredito ter para nós, brasileiros, um interesse em reconhecer o outro através do nós".

Tomando como "caso" a literatura negra de Mestre Didi, chega-se a concluir que "o significado semântico de sua narrativa [de Mestre Didi] é específico da cultura negro-brasileira. E este significado é um aspecto do complexo sistema simbólico que representa as regras de coesão social das comunidades, que estruturam a personalidade de seus integrantes e marcam a maneira negro-brasileira de ser". Tratando, em seguida, da arte de Rubem Valentim, o autor vai ferir, mais uma vez, uma das cordas preferidas do seu estudo: recalcamento (em sentido freudiano) da componente negra do ser brasileiro. Termina, enfim, com uma interpretação claríssima (ainda que, naturalmente, discutível em partes) do que seria a representação do negro no cinema brasileiro. Ora, esta representação coincide com a que, no conjunto, faz a sociedade brasileira do negro, pelo que (me permita o autor a sugestão) deveria abrir o volume, e não fechá-la.

Em suma, o tema deste livro é o ser negro que há em nós, no fundo elemental de todo brasileiro. Marco Aurélio não perde mais tempo (acredito) em denunciar o recalcamento óbvio deste ser negro – como insistimos em fazer aquela tarde no SECNEB. Recalque quem quiser para apenas continuar sendo exilado na sua própria terra. Decididamente, ele dá um passo no seu conhecimento.

Joel Rufino dos Santos

INTRODUÇÃO

A cultura negra no Brasil vem sofrendo no âmbito da chamada "sociedade global", de um modo geral, intenso recalcamento ideológico. Este livro resulta do estudo dos valores e das características próprias do riquíssimo processo sociocultural negro-brasileiro e da análise dos fatores do recalcamento ideológico, que constitui um poderoso obstáculo a real integração nacional.

Aqui, reúnem-se experiências e estudos desenvolvidos no decorrer dos últimos cinco anos e procura-se destacar uma perspectiva sociocultural negra no Brasil a partir do desenvolvimento coordenado dos seguintes temas:

A análise crítica dos obstáculos metodológicos e epistemológicos, para uma antropologia negra ou antropologia iniciática, procura esclarecer o estabelecimento dos estudos antropológicos negros num novo continente teórico, numa nova problemática teórica, que resulte numa percepção adequada da realidade cultural negro-brasileira, ultrapassando os obstáculos que a recalcam e circunscrevem no terreno movediço das ideologias etnocêntricas, de perspectivas e formas de percepção neocoloniais.

As comunidades religiosas negras, guardiães e irradiadoras do processo dinâmico civilizatório e cultural negro, possuem, especificamente no Brasil, determinadas características resultado histórico das formas dinâmicas com que se estabeleceram e se desenvolvem. A análise de suas variáveis e invariantes estruturais demonstra que, se enfatizamos as variáveis, podemos falar em religiões negras no Brasil; se enfatizamos, por outro lado, as invariantes, podemos falar de religião negra. Daí também se deduz que, conforme nos referimos à civilização europeia ou a valores ocidentais, devemos enquanto brasileiros nos referir à civilização negro-africana e aos valores negros. Assumir a vertente civilizatória negra no Brasil é lutar contra o recalcamento ideológico, é trabalhar por uma real integração, é assumir uma real identidade nacional.

A comunicação predominantemente "oral" é a forma característica pela qual se desenvolve o complexo civilizatório negro. Distinto das culturas predominantemente escritas, o processo cultural negro possui sua dinâmica própria de comunicação. A literatura oral negra pode-se caracterizar como um gênero da literatura brasileira? A obra de Deoscoredes M. dos Santos, *Mestre Didi,* abre um espaço novo na bibliografia nacional. A partir de suas obras, não temos só os grandes poetas e escritores negros, mas uma literatura negra, um gênero que contém riquíssima complexidade de saber e genuína forma de narrar. A obra de Mestre Didi exige uma nova abertura de espaço na crítica literária, sob pena de recalcar-se uma das formas mais legítimas de comunicação das comunidades negras com a chamada sociedade global.

Assim como a literatura, a arte negra exige um novo estatuto estético para ser avaliada e apreciada. Os valores estéticos negros não estão contemplados na crítica oficial. A análise comparada das obras de Deoscoredes M. dos Santos e de Rubem Valentim permite-nos a fundamentação necessária à constituição de uma estética negra, que já existe nas comunidades em estado prático-teórico.

Por fim, a análise do estereótipo que vem caracterizando as representações do negro no cinema nacional procura esclarecer as causas sócio-históricas deste estereótipo e sua eficácia ideológica no plano das relações sociais, no contexto da formação social atual, assim como procura destacar a imbatível resistência a ele e as alternativas de novas formas de representações compatíveis com a realidade e com as perspectivas do processo civilizatório negro-brasileiro. A análise da representação do negro no cinema permite que se perceba a relação estrutural entre a ideologia populista e a ideologia do mestiçamento, que, por sua vez, combina-se com a ideologia do sincretismo. Por outro lado, nossa análise não se absteve da relação entre as diversas narrativas que caracterizam as tentativas de linguagem do cinema nacional e as formas de representação ideológica do estereótipo. Reportamo-nos também à experiência cinematográfica do núcleo de cinema da Sociedade de Estudos da Cultura Negra no Brasil, SECNEB, que vem procurando abrir novos caminhos no âmbito do chamado cinema documentário.

Estes são os temas e os objetivos deste trabalho que acredita nos princípios da complementação e harmonização das diferenças e descrê da "anulação" ideológico-populista das alteridades e se opõe às ideologias da desigualdade, que visam justificar as relações de opressão e exploração.

Desejo ainda ressaltar que a motivação teórica destes estudos surgiu em meio a atividades da Sociedade de Estudos da Cultura Negra no Brasil, através de exposições, seminários, trabalhos científicos e educacionais, produção de filmes e montagens de autos coreográficos, sem os quais estes estudos não se teriam produzido.

CAPÍTULO I

A PROPÓSITO DAS REPRESENTAÇÕES DO NEGRO NO CINEMA BRASILEIRO

AS BASES TEÓRICAS DO ESTEREÓTIPO

A dicotomização do saber e do fazer, entre o pensamento e a ação, entre razão e matéria, é a angústia permanente da história da filosofia ocidental, que se esmerou em construir inúmeras teorias do conhecimento para responder à repetitiva questão de como o sujeito pode conhecer o objeto.

Essas dicotomias estão relacionadas com toda uma ordem de relações do homem com a natureza no contexto histórico do Ocidente.

A classificação aristotélica do homem como "animal racional" é, de acordo com situações históricas variadas, preenchida por ideologias e determinados valores éticos que representam e indicam comportamentos. Na chamada Idade Média, por exemplo, a animalidade era a contraparte da razão, e inspirava pavor e ameaça. A matéria, equivalente da animalidade, era a fonte do pecado, a razão, fonte da virtude, o corpo, o avesso do espírito.

A natureza, a animalidade, a anormalidade e a loucura, o pavor da diferença, da alteridade, atravessam os séculos e servem para caracterizar o inimigo e/ou o bode expiatório. Os outros devem ser explorados, conquistados ou aniquilados, porque, como o animal e a natureza em geral, não têm alma.

No contexto colonial-mercantil-escravagista, a ideologia evolucionista deu novas cores "teológicas" e "científicas" a essas dicotomias mediante complicadas teorias. O intuito era representar e justificar as conquistas de povos, de seus territórios, e a exploração escravagista.

DIFERENÇA E DESIGUALDADE

A diferença de sexo, "raça", etnia, cultura, civilização e natureza, percebida pelo europeu no contexto da expansão colonial, sempre esteve sobredeterminada pela necessidade de uma medida de absoluta desvalorização do outro.

Todas as instituições de produção de ideologias se voltam para a construção de um *corpus* conceitual capaz de representar o outro como inferior, localizado numa série evolutiva mais próxima da matéria e do corpo que da alma e da razão. Esta falsa representação do colonizado acompanha a ação de colonizá-lo, de conquistá-lo, escravizá-lo e explorá-lo.

Todos os povos da África, da Ásia e das Américas sofreram, e sofrem, mais ou menos esta ação e conhecem no espírito e na carne essas representações - atualizadas numa prática social cotidiana. Jacob Gorender demonstra (1) como nos tempos coloniais no Brasil o exercício do trabalho braçal possuía uma forma de reativação da ideologia dominante: [...] "o homem livre, se sentiria humilhado e desprezado se fosse visto na rua com o mais ínfimo pacote na mão, entregue por isso ao negro alugado na hora [...]:"[1]

Nesse contexto, a diferença sempre é representada e percebida como desigualdade. Essas formas de práticas sociais, representações e percepções constituem o ponto de sustentação e referência das ideologias teóricas colonialistas e neocolonialistas.

DESCULTURAÇÃO E REPRESSÃO IDEOLÓGICA

> O cirurgião de bordo faz passar em seguida uma revista sanitária a todos os cativos que são então marcados a ferro, seja sobre os ombros, seja na coxa, seja sobre o peito: cena frequentemente descrita por aqueles que queriam mostrar como o escravo perde sua dignidade de homem e que é apenas uma das etapas do longo caminho que leva à servidão. (2)

Retirado do seu contexto social, afastado de sua nação, de seu lugar na família, no trabalho, no poder político, na hierarquia social, religio-

---

[1] Gorender traz ainda uma ilustração de Ewbank que aqui transcreveremos: "Um jovem de boa família, de dezoito anos, foi convencido a honrar um importante estabelecimento comercial com seus serviços de escritório da firma. Certa vez, um dos sócios entregou-lhe um pacote não duas vezes maior do que uma carta e pediu-lhe que o levasse a outra firma da vizinhança. O jovem olhou o comerciante, segurou o pacote entre o polegar e o indicador, tornou a olhar para o comerciante e o pacote, meditou um momento, saiu porta afora e, depois de dar alguns passos, chamou um negro, que atrás dele levou o pacote ao destinatário". (3)

sa, militar etc., o cativo começa, da maneira descrita acima pela historiadora Kátia Mattoso, sua entrada no espaço a ele reservado pelo colonialismo escravagista e mercantil.

Ao nível econômico, é apenas considerado força de trabalho a ser explorada, "máquina econômica", como se referiu Sílvio Romero.

Ao nível jurídico-político, é classificado como semovente, isto é, equiparado aos bois, cavalos etc., portanto sem nenhum direito.

Ao nível ideológico, há um tremendo esforço para desculturalizá-lo e representá-lo como boçal, rude, primitivo e atendendo aos demais níveis: animal.A ideologia oficial dominante procura assim então legitimar a classificação jurídica e justificar a exploração econômica.

Segundo Manoel Fraginals (4),

> [...] desculturação é o processo consciente mediante o qual, com fins de exploração econômica, se procede a desagregar a cultura de um grupo para facilitar a expropriação de riquezas naturais do território em que está estabelecido e/ou para utilizá-lo como força de trabalho barata não-qualificada. O processo de desculturação é inerente a toda forma de exploração colonial ou neocolonial.

Acrescentaríamos: não só com fins de exploração econômica, mas também de dominação política, cultural e étnica.

Quando olhamos para o passado brasileiro, vemos com que dificuldades se viram nossos antepassados na luta pelo acesso e transmissão do saber e do conhecimento, em sua luta pela independentização com Portugal.

Hoje em dia, o acesso ao desenvolvimento do conhecimento tecnológico-científico e da transmissão do saber nacional é uma das lutas de independentização que caracterizam todos os povos do chamado "Terceiro Mundo", ou ex-colonizados.

Se em determinado momento a conjuntura histórica europeia provocou a vinda da família real de Portugal para o Brasil e proporcionou liberdades de ação até então desconhecidas da Colônia, produzindo por outro lado a consciência de suas potencialidades que permitiu aumentarem as perspectivas da independência; todavia, antes que "algum aventureiro lançasse mão", proclamou-se a independência, e assim, apesar dela, o Brasil permaneceria neocolonizado, e o colonialismo interno é até hoje uma realidade.

Esta realidade está representada em inúmeras ideologias teóricas que negam o direito de existência própria de diversos povos e etnias que compõem o Brasil e que aspiram a uma maior e significativa participação na sociedade oficial nacional. Segundo Afrânio Peixoto, em Clima e Saúde:

> [...] O território nacional brasileiro pertence ao conquistador branco, já que os proprietários naturais, os índios (sem cultura, sem governo, sem religião) foram dizimados. Os negros não têm direitos sobre este território, desde quando não são nativos nem conquistadores [...] (5)

Esta ideologia, que caracteriza a política do "embranquecimento" do Brasil, teve início em meio à conjuntura histórica pós-abolição da escravatura. Era como se o poder da sociedade oficial "branca" do Império e da República temesse a mudança das relações sociais num país cuja maioria da população é negra e mestiça.

Para justificar o incentivo à imigração europeia e a proibição da africana, alegava-se a incapacidade das "raças" negra e amarela (referente, neste contexto, aos ameríndios) e a pretensa superioridade da "raça" branca. Algumas citações de Nina Rodrigues (6), um dos principais ideólogos da fase pós-abolição, esclarecem e ilustram o esboço da ideologia neocolonial.

> [...] O critério científico da inferioridade da raça negra nada tem de comum com a revoltante exploração que dele fizeram os interesses escravagistas. Para a ciência, não é esta inferioridade mais do que um fenômeno de ordem perfeitamente natural, produto da marcha desigual do desenvolvimento filogenético da humanidade.

E ainda:

> [...] Abstraindo, pois, da condição de escravos em que os negros foram introduzidos no Brasil, e apreciando as suas qualidades de colonos como faríamos com os de qualquer outra procedência: extremando as especulações teóricas sobre o futuro das raças humanas, do exame concreto das consequências imediatas das suas desigualdades atuais para o desenvolvimento de nosso país, consideramos a supremacia imediata ou mediata da raça Negra nociva à nossa nacionalidade, prejudicial' em todo caso a sua influência não sofreada aos progressos e à cultura de nosso povo [...]

E finalmente:

> [...] Ao brasileiro mais descuidado e imprevidente não pode deixar de impressionar a possibilidade da oposição futura, que já se deixa entrever entre uma nação branca, forte e poderosa, provavelmente de origem teutônica, que está-se constituindo nos estados do Sul, donde o clima e a civilização eliminarão a Raça Negra ou a submeterão de um lado, e de

> outro lado, os estados do Norte, mestiços, vegetando na turbulência estéril de' uma inteligência viva e pronta, mas associada a mais decidida inércia e indolência, ao desânimo e por vezes à subserviência [...] É esta, para um brasileiro patriota, a evocação dolorosa do contraste maravilhoso· entre a exuberante civilização canadense e norte-americana e o barbarismo guerrilheiro da América Central.

Essas citações daquele que é considerado e homenageado pelos ideólogos do neocolonialismo interno e externo, demonstram bem as intenções políticas e econômicas daquele que coroaria sua ideologia da discriminação com a afirmação: "o negro é incapaz de civilização".

Essa "incapacidade" foi o aval para quantos trabalhos acadêmicos surgissem, todos, em geral, deformando e recalcando a vertente cultural negro-brasileira, servindo de base para a irradiação e fortalecimento ideológico do preconceito racial e cultural.

Era como se com a abolição da escravidão, o negro, enquanto cidadão capaz de direitos ameaçasse sair da situação causada pela opressão e exploração, e assim contra ele se voltaram todos os esforços da ideologia da discriminação para preencher o vazio da barreira e dos limites jurídico-políticos que outrora o consideravam semovente, destituído de todos os direitos.

Parece-nos que depois da abolição, a ideologia reforçou acentuadamente uma imagem deformante do negro – sempre caminhando no sentido de marginalizá-lo de uma maior participação nos destinos da sociedade global.

Se o Direito não mais garantia sua equiparação ao animal, "máquina econômica", cabia às ideologias teóricas evolucionistas e etnocêntricas assim representá-lo através de sofisticadas teorias da evolução da espécie, de teorias da Biologia e da Antropologia Física, da Psiquiatria e da Psicanálise etc.

Podemos perceber na bibliografia sobre o negro que mudanças contextuais alteram aqui e ali as nuanças do preconceito e das teorias da discriminação; todavia, ao invés de enfraquecê-la reforçam-na com novas elaborações.

Em 1934, Arthur Ramos (7), seguidor de Nina Rodrigues, ou, melhor, seu reformulador, assim se expressava:

> [...] Estudando, neste ensaio, 'as representações coletivas' das classes atrasadas da população brasileira, no setor religioso, não endosso absolutamente, como várias vezes tenho repetido, os postulados de inferioridade

> do negro e de sua incapacidade de civilização. Essas representações coletivas existem em qualquer grupo social atrasado em cultura. E uma consequência dos pensamentos mágico, e pré-lógico, independentes da questão antropológico-racial, porque podem surgir [...] nas aglomerações atrasadas em cultura, classes pobres das sociedades, crianças, adultos nevrosados, no sonho, na arte, em determinadas condições de regressão psíquica [...] Para a obra de educação e da cultura, é preciso conhecer essas modalidades do pensamento "primitivo", "para corrigi-lo, elevando-o a etapas adiantadas, o que só será conseguido por uma revolução educacional" que haja em profundidade [...] que desça aos degraus remotos do inconsciente coletivo e solte as amarras pré-lógicas a que se acha acorrentado.

Apesar da extensão da citação, nós a transcrevemos, posto acharmos bastante ilustrativa das novas formas com que a ideologia neocolonial da discriminação se transforma e persiste, acalmando a má consciência das tentativas de dominação e da exploração, justificadas na pretensa "superioridade" do colonizador.

DO ESTEREÓTIPO

Todas essas ideologias formam as bases teóricas do estereótipo com que são representados e percebidos ao nível da sociedade oficial o índio, o negro e o mestiço.

A característica do estereótipo é justificar a exploração e a opressão pelo índice imaginário de superioridade de um grupo humano sobre outro, recalcando todo o processo histórico que engendrou esta determinada situação.

Por outro lado, na ideologia neocolonial da discriminação, as causas do próprio estado de carência, miséria e pobreza da população oprimida estão camufladas e invertidas. Não é obra da própria exploração, mas do próprio explorado, o "bode expiatório", responsável por este estado de coisas devido a sua "inferioridade". Neste caso, precisa ser amparado pela "bondade" do explorador, que com seu "sangue", sua "razão", sua "superioridade" resgatá-lo-á de seu estado inferior.

Não é outra a representação das ideologias apologéticas do mestiçamento e do sincretismo. Em ambos os casos, é em direção ao padrão branco de "raça" ou de cultura que deve marchar a aproximação, e não o inverso. Nesta aproximação, recalca-se a diferença e mantém-se a desigualdade. Absorvido pelo branco, racial e culturalmente, o negro torna-se indistinto, inexistente [...].

O estereótipo do negro na República está baseado nessas ideologias teóricas. A representação da equiparação à animalidade, garantida pelo sistema jurídico da escravidão transmuta-se: pré-logismos, histerismos, fetichismos, sensualismos, são os novos atributos da representação do negro, em oposição ao racionalismo claro e distinto, atributo da representação do branco. Como na época colonial: um feito para obedecer e trabalhar, o outro, para mandar e dirigir [...]

RESISTÊNCIA

Enfrentando toda esta ordem de pressões, especificamente resistindo ao encarceramento do estereótipo, as comunidades negras se enraizaram no Brasil dando continuidade ao processo civilizatório herdado de seus antepassados africanos e, desta forma, marcam na atualidade indubitavelmente sua forte e maciça presença no contexto da cultura nacional. O valor da cultura negra que tanto enriquece o patrimônio cultural brasileiro ainda é praticamente desconhecido pela sociedade oficial. Sua riquíssima visão sagrada do mundo, com suas formas específicas de comunicação, sua dimensão estética peculiar, seus conhecimentos científicos, de medicina, de matemática, de botânica, seu saber filosófico, psicológico e pedagógico sofrem a ação de recalcamento do estereótipo e a ele resistem e reagem.

A ação de recalcamento pelo estereótipo se faz presente em diversos âmbitos. Focalizaremos no presente trabalho o cinema, que veicula em geral as ideologias neocoloniais da discriminação em sua linguagem própria: as "imagens luminosas/transparentes/móveis, gerando um poder específico de comunicação ao mesmo tempo objetivo e subliminar". (8)

A análise da presença do estereótipo na cinematografia brasileira, e a resistência que a ele se opõe, será o tema que trataremos a seguir.

ASPECTOS DA CONJUNTURA HISTÓRICO-IDEOLÓGICA DO CINEMA BRASILEIRO

Procurar analisar a produção temática da cinematografia brasileira é uma tarefa importante, principalmente, se feita por cineastas que vivem este contexto da atividade cultural. Todavia, se sou chamado a situar alguns problemas da cinematografia nacional, faço-o como cientista social, especificamente voltado para a análise da produção cultural. É neste âmbito da chamada análise crítica das ideologias que faço este depoimento.

Podemos dizer de início, o que todos sabem, que o cinema é um produto cultural de custos extremamente elevados, ainda mais no contexto brasileiro, carente ainda de um *know-how* próprio, desenvolvido em seus aspectos técnicos e, principalmente, no que se refere a material sensível e equipamentos necessários às produções.

Entretanto, vai-se desenvolvendo com sucessos e percalços, a indústria do cinema nacional, apesar de nossa dependência de matéria-prima e dos instrumentos acima citados. Para todo país ex-colonizado, ou de "terceiro mundo", a luta pela obtenção de tecnologia é um ponto nevrálgico de independência, tanto mais quando se necessita adaptá-los aos interesses da maioria da população.

No caso do cinema, a luta pela obtenção de tecnologia, e pelo mercado distribuidor, é acirrada. Em recente artigo, Orlando Senna (9) observa que:

> [...] no decorrer dos anos 20, possivelmente alertados por Lênin ("o cinema é a mais importante das artes "), os líderes políticos mundiais perceberam a espantosa capacidade do filme como transmissor de mensagens, informações, hábitos, comportamentos, ideias [...] controlar este veículo, pondo-o a seu serviço, não exigiu muito de quem já detinha os meios de produção - uma vez que o cinema, para existir, depende de capital e tecnologia.

E, acrescento (esperançosamente), também dos cineastas e, principalmente, do chamado "público".

RESISTÊNCIA-ADAPTAÇÃO. NEOCOLONIALISMO E POPULISMO

A partir da década de 30, no Brasil, a ideologia populista vem operando e predominando nas representações necessárias à continuidade do processo neocolonial.

A característica do populismo é negar as distintas diferenças que existem na composição de uma população, utilizando-se de categorias como "povo", nação etc., como um efeito de recalcamento das diferenças. O populismo se combina com o "nacionalismo". Como se refere Jean Claude Bernardet (10), a categoria de "essência nacional" é utilizada para operar a ideologia que representa

> [...] um achatamento das diferenciações e contradições da sociedade brasileira [...] Ao negar diferenciações de tipo regional e outras, ao não levar em consideração as contradições sociais, ao buscar um elemento que homogeneize a sociedade, ao buscar essa essência que seria comum ao conjunto do corpo social e em relação à qual teriam papel secundário, eventuais diferenciações e contradições, revela-se indubitavelmente uma busca de hegemonia ideológica.

Como opera a ideologia populista-nacionalista num contexto social tão diferenciado como o Brasil?

Tomando as principais vertentes étnicas civilizatórias brasileiras, podemos proceder à classificação que se segue:

- A vertente indígena - que vem sendo há séculos atingida nas áreas de ocupação de seu território e, consequentemente atingida na sua economia, nas relações sociais, em sua cultura e valores de civilização. Esta vertente procura resistir à avalanche colonial e neocolonial.

- A vertente negra - os negros deslocados de seu território de origem, compulsoriamente atingidos em sua economia, relações sociais, cultura e civilização, nas piores condições da exploração escravagista. Pouco a pouco, reconstituíram e fixaram sua continuidade civilizatória, e resistem.

- A vertente branca - herdou o modelo do processo civilizatório europeu e a ele está vinculada pelo contexto internaciona1 de tentativas de continuidade de exploração neocolonial. Esta vertente se constitui numa estrutura oficial cujo modelo "eurocêntrico" está hoje mais presente no Brasil via EUA. Essa estrutura oficial, todavia, está permeada pela estrutura, principalmente, do processo cultural negro, o que caracteriza o Brasil como país pluri-sociocultural.

Esse contexto sociocultural peculiar caracteriza a América Latina, principalmente, nos países que receberam um significativo contingente de africanos na época colonial, acentuando os traços civilizatórios do continente de uma forma original que Mintz classificou (11), (p. 378) de "África na América Latina".

A continuidade do processo civilizatório negro nas Américas se caracterizou pelo movimento dialético de resistência-adaptação, de continuidade na descontinuidade, o que permite sua convivência nas mais variadas e adversas conjunturas históricas. Neste processo, a religião negra ocupa um papel predominante: "a religião foi e é o mais poderoso transmissor dos valores essenciais da negritude afro-americana".

> [...] Valores que em nenhum caso permaneceram congelados; muito ao contrário, se conseguiram sobreviver em meio a tão poderosas pressões, foi devido fundamentalmente a essa extraordinária plasticidade e vitalidade, a esse dialético processo de resistência-acomodação que deu origem as diversidades: descontinuidade na continuidade, como preferem alguns especialistas. (12)

Um dos efeitos do processo dialético de resistência-adaptação é de fazer uma frente alternativa ao processo colonial e/ou neocolonial de desculturação. Convém aqui acrescentarmos que discordamos integralmente da tese de Moreno Fraginals (13), segundo a qual, "cessada a luta de classes", não haveria razão para a continuidade do processo e dessas formas de resistência cultural. Seu exemplo de que em Cuba, cessada a exploração econômica, houve uma diluição da cultura negra não toma em consideração a continuidade da existência das Santerias, mesmo que, emigrando para outras regiões além dos desdobramentos marcantes na cultura e na identidade do povo afro-cubano em geral.

Voltando à análise da ideologia populista, vejamos como esta opera seu efeito de recalcamento das diferenças e pluralidades.

O evolucionismo e o etnocentrismo continuam a ser os pilares destas ideologias, só que agora caracterizados pelas ideologias teóricas do mestiçamento e do sincretismo.

Um dos principais ideólogos destas representações recalcadoras é, sem dúvida, Gilberto Freire. Ao contrário de Nina Rodrigues, que é avesso à miscigenação, por provocar, em sua opinião, como na de Gobinaud, um descenso na escala evolutiva, Gilberto Freire é a favor. O conteúdo latente de sua obra indica e ratifica contudo o estereótipo que caracteriza a representação entre negros e brancos no Brasil, qual seja, os atributos de matéria, corpo, desrazão, para uns, e razão, espírito, e ciência, para outros. Nessa ideologia, o mestiço é aquele que reúne os atributos de ambos, mistura da aptidão física do homem negro aos trópicos, resistência ao trabalho forçado, a "força bruta" e a sensualidade, aliada à racionalidade do homem branco. O mestiço então deve tornar-se o protótipo do brasileiro; melhor que o mestiço, caracterizadamente o "moreno", aquele que embora mestiço está mais próximo do "padrão racial branco". Dessa forma, a ideologia achata as diferenças, não há mais o negro nem o branco, mas o "brasileiro", não há mais processos civilizatórios distintos, mas "civilização brasileira". É neste ponto que opera o conceito de sincretismo. Nina Rodrigues não contestou a existência da cultura negra, classificou-a como "subcultura", e tomando a civilização europeia como única digna desta qualificação declarou que o negro era "incapaz de civilização". Todavia, mascarando a cultura e o processo civilizatório negro, assegurou que por "razões atávicas" o negro era infenso à catequese, e que transformava o catolicismo, absorvendo-o a seus parâmetros; admitia a sua força civilizatória malgrado suas intenções. A ideologia do mestiçamento, ao contrário, mascara a resistência e o sistema cultural negro, como se este se encontrasse diluído no sincretismo com o catolicismo, proclamando uma terceira vertente religiosa sincrética e peculiar, um "catolicismo brasileiro" ou "popular".

Não vamos, neste momento, voltar a demonstrar a falácia da noção de sincretismo aplicada à religião negra no Brasil. Desejamos aqui indicar o movimento característico da ideologia populista do mestiçamento: a evolução paulatina das diferenças até a absorção e o "aplastamento" para o universo branco dos demais universos. Seja pelo predomínio do "sangue", seja pelo predomínio cultural. Esta ideologia, apesar de reconhecer que o mestiçamento é resultante das relações opressivas que caracterizaram a relação do homem branco com a mulher negra, onde o filho mulato em geral nunca é reconhecido ou legitimado, e na época da escravidão mantinha-se escravo, tenta recalcar o fato de que a grande maioria da população mestiça vive no âmbito dos parâmetros culturais e civilizatórios negros. Como tal, embora a ideologia tente caracterizar o mestiço mais próximo dos parâmetros civilizatórios "eurocêntricos", esta representação está em mora com os fatos.

Não se pode negar, todavia, a eficácia de recalcamento da ideologia, seu efeito de estigmatização do negro e sua civilização, através dos atributos que caracterizam o estereótipo e sua eventual introjeção, principalmente pelas camadas sociais que vivem com mais intensidade no âmbito do processo civilizatório "eurocêntrico".

Esses atributos dos estereótipos – do negro, do branco e do mestiço – apagam todas as reais diferenças, tendo por efeito principalmente aplacar a má consciência dos descendentes dos colonizadores, ou neocolonizadores, que se aproveitam dessas imagens para tentar apagar a história, como fez Rui Barbosa.

Ao nível do aplacamento da má consciência, essa ideologia opera através de substituições, inversões e deslocamentos, procurando situar o negro como "bode expiatório".

Assim, a brutalidade selvagem que caracterizou a exploração colonial, e em novas dimensões continua a existir, quais fossem marcar seres humanos como gado, torturar, estuprar, humilhar, matar e deixar à míngua, deslocar de territórios milhares e milhares de homens, mulheres e crianças, transpondo-os como mercadorias [...]. Toda a responsabilidade histórica deste processo recai sobre aqueles que sofrem a ação, e, ainda mais, projetam-se neles as próprias ameaças do que foram os brancos capazes de fazer.

Deste modo, a ideologia do aplacamento da má consciência, ou da consciência culpada, encara o outro como desigual, como um ser inferior, e assim, insistentemente, representa-o com a ânsia maníaca de quem quer encobrir algo doloroso.

Desde Nina Rodrigues, professor de Medicina Legal, adotam-se nas Escolas de Direito, nos estudos de criminologia, de braços abertos, as teorias racistas de Lombroso. É desta forma que o juridicismo oficial se justifica, pois na redoma universitária os "criminosos natos" são os outros [...].

REPRESENTAÇÕES IDEOLÓGICAS NO CINEMA

Ficção

Um cinema nacional deveria criar temas que pudessem ser percebidos como tal. O primeiro tema contrastante com o colonizador, o estrangeiro, e, mais permissível, era a diferença das características naturais do território. O ufanismo em relação ao território brasileiro, se, por um lado, caracteriza uma necessidade de afirmação de amor à terra, na forma de "nossas matas, nossos rios, cachoeiras e cascatas", de riqueza da terra, farta em minérios e que "em se plantando tudo dá", encobre, por outro lado, de modo geral o problema da propriedade do solo e dos meios de produção. Nos primeiros filmes nacionais que exploram esta temática, a *Gente brasileira*, entra em meio às paisagens tropicais como um reforço pitoresco para marcar nossa diferença frente ao estrangeiro. O pitoresco disfarça a realidade brasileira, amenizando-a, transformando as relações de exploração da força de trabalho, a luta pela ocupação da terra e a luta pela continuidade dos processos civilizatórios característicos em algo exótico e que seduz o espectador à "aventura".

O cinema-indústria, que começou a marcar sua presença no Brasil através principalmente de Hollywood, influencia o cinema nacional através de diversas temáticas e gêneros, como também imprime a adoção de suas estruturas narrativas. Assim, os primeiros filmes não escaparam às referências do modelo; os gêneros da comédia, do musical, do policial e do faroeste foram inicialmente adaptados a uma temática "nacional".

As chanchadas, que através dos atores Oscarito, branco, e Alaor Prata, o Grande Otelo, negro, constituíram personagens que absorvem o mito do mestiçamento, que se torna um ponto central de referência deste gênero que procurará ser uma forma de resistência ao cinema americano. Todavia, repetem-se as formas narrativas e os gêneros do filme americano, apesar do tom de paródia que as caracteriza. Como bem observou Jean Claude Bernardet (14), a paródia se caracteriza como uma achincalhação do modelo. Todavia, para essa achincalhação, essa degradação funcionar, "é necessário que o modelo continue modelo. Num jogo contraditório, ela, ao mesmo tempo, confirma o modelo enquanto tal e o degrada. A paródia é inclusive a confissão de que, no momento, não se consegue substituir o modelo por outro". Além disso, os heróis representados nessas comédias apresentam de si mesmos uma imagem avacalhada. A agressão recai sobre si próprio, assumindo o complexo de inferioridade na forma da imagem de autodesvalorização.

Esta autodesvalorização convém ao modelo opressor, posto que é uma ratificação de dependência e impotência. Não estamos aqui muito longe das temáticas de *Ladrões de cinema*, de Fernando Coni Campos, e *Macunaíma*, de Joaquim Pedro, onde a convocação do ator Grande Otelo talvez não seja mera coincidência.

A narrativa de *O cangaceiro*, de Lima Barreto, se desenvolve no mesmo contexto histórico-ideológico. Se por um lado, tenta-se, na imagem do cangaceiro, a representação do protótipo brasileiro da mestiçagem, este está caracterizado a meio caminho da "evolução", representada pela trama dos personagens dos cangaceiros de Teodoro e da professora.

Assim, apresenta-se o estereótipo na narrativa: bruto, primitivo, selvagem, criminoso, o cangaceiro é, entretanto, o mais apto a viver em meio à natureza inóspita – "é antes de tudo um forte". Enquanto a personagem da professora se constitui num ponto de referência oposto, caracterizando um polo de atração, onde, todavia, sua assepsia não permite estar à vontade naquele contexto "natural". Assim, Teodoro representa o meio-termo: bruto e delicado, corajoso e virtuoso "o moreno".

Pequenas variáveis étnicas e regionais não modificam a estrutura da imagem do mocinho de faroeste. Sua identificação com a terra procura fazer o que os primeiros filmes nacionais fizeram: marcar a diferença com o cinema estrangeiro. A ideologia populista do mestiçamento, baseada no evolucionismo "eurocêntrico", e mais os ingredientes exóticos que caracterizam a narrativa garantiram o sucesso de sua apresentação na Europa.

A busca de um tema nacional permanece desta forma nos limites do círculo fechado de ideologia neocolonial da discriminação, estereotipando e estigmatizando.

Com Nélson Pereira dos Santos abre-se uma nova fase narrativa e temática no cinema. *Rio 40 graus* procurou estabelecer uma "percepção real" da sociedade carioca. A influência da escola realista italiana é fonte de inspiração para os cineastas brasileiros que procuravam romper com o círculo do modelo americano vigente. Se, por um lado, esta experiência enriqueceu sobremodo a cinematografia nacional, por outro lado, a crença de que o cinema é de per si, capaz de captar a realidade, trouxe consigo uma prejudicial atitude de percepção do real valor do recorte da câmara. Atribui-se a esta um valor onipotente de representação do real. O empirismo-realista passa a sinônimo de verdade. Esta ingenuidade surpreenderia o próprio Nélson, que, filmando na ocasião os núcleos de habitação dos negros do Rio de Janeiro, confessou que não "viu" e não percebeu a importância que a religião negra ocupa neste contexto. Além desta significativa ausência, ou "esquecimento" (com a conotação psicanalítica que possui este conceito), embora se "mostre" o morro e a escola de samba, esta não chega a ser percebida como um núcleo organizado e hierarquizado em sua forma institucional própria característica da comunidade negra. As diferenças de classes ao nível do contato com a sociedade oficial, acentuadas na narrativa, recalcam o real das diferenças étnico-socioculturais.

O espectro do estereótipo assentado nas teorias ideológicas da Criminologia ronda a narrativa de *Amuleto de ogum*. No entanto, a religião negra da Umbanda aparece como um centro de referência cultural e simbólica. O herói do filme vai durante a narrativa como que absorvendo a simbologia e o universo cultural do negro. No final do filme, a ressurreição do personagem fez crer que, nos próximos filmes de Nélson, a vertente civilizatória e cultural negra poderia estar ainda melhor representada. Todavia, em *Tenda dos milagres*, os valores da intelectualidade "branca" de "classe média" falam mais alto. Seu tema, extraído da obra homônima de Jorge Amado, não poderia ir muito além. Essa escolha não é ocasional. Ela caracteriza um limite de posição ideológica. O personagem principal, mestiço, luta por seu lado negro, em virtude de seus valores brancos. É principalmente em nome do "humanismo populista" que "defende" a religião negra da sanha policial. À cultura negra é concedido o espaço do estereótipo: o imaginário da sensualidade, da espontaneidade lúdica e da ingenuidade.

Nem de longe se percebe o significado profundo que o processo civilizatório negro possui no Brasil. Condensando no personagem os estereótipos do sensualismo para o negro e do racionalismo para o branco, insidiosamente mantêm-se os atributos preconceituosos cuja pedra angular foi proclamada por Nina Rodrigues: "o negro é incapaz de civilização".

Os temas relacionados com a presença do negro no contexto brasileiro sempre atraíram a atenção da produção cinematográfica. Em *cinco vezes favela*, uma pequena obra de grande significação, O c*ouro de gato*, de Joaquim Pedro, parecia que se tinha encontrado a veia. *O gato angorá da madame*, apesar de toda sua sedutora beleza, tinha que morrer para que os tamborins tocassem. A ganga bruta da ideologia neocolonial da discriminação tinha que ser abandonada para que um cinema identificado com as aspirações da vasta camada da população oprimida pudesse existir.

Luís Paulino, com *Um dia na rampa*, caminha para a ampliação deste espaço. Havia uma esperança nova de representação do universo negro-brasileiro no cinema. Conta-se que construiu um roteiro, estabeleceu um título, *Barravento*, e começou as filmagens. Dizem que a produtora retirou-lhe a continuidade da execução e entregou-a a Glauber Rocha. Este alterou o roteiro e acabou o filme. Os valores da ideologia neocolonialista da discriminação, revestidos com as cintilantes roupagens populistas das promessas de "progresso" e "desenvolvimento" batem-se com a representação deformada dos valores culturais negros das comunidades-terreiro. O estereótipo do "fetichismo" e "animismo" "ópio do povo" são as armas de sempre no combate à cultura negra pelos "detentores da razão"[...].

Em *Deus e o diabo na Terra do Sol*, a inspiração eisensteiniana da narrativa fortalece o mascaramento do que se está dizendo: muito ao contrário do que transmitia Eisenstein; para Glauber, com o povo não há solução para os problemas sociais. Nos limites em que está configurado na narrativa, o povo está assim representado em sua busca de redenção: se é vaqueiro, é-se explorado pelo coronel; se aconselha-se com o "Conselheiro" messiânico (representado por um negro), vive-se uma vida de penitências e é-se cúmplice do fanático sacrificador de crianças; se vai para o cangaço, luta-se ao lado de lunáticos. O negócio então é correr atrás da câmara do intelectual cineasta que sabe a fórmula científica com que a "elite" neocolonial irá transformar o sertão em mar.

Terra em transe tenta apontar e elaborar a falência de certas alianças sonhadas nos tempos em que a ideologia populista era hegemônica no bloco do poder. Essas alianças caracterizam mesmo essa ideologia que aplastra as diferenças numa "essência nacional". Tal falência, que não permitiu à "burguesia nacional" e a seus "aliados" assumirem as rédeas da nação, faz com que caiba no *O santo guerreiro contra o dragão da maldade* o "segmento popular" que, detendo a "essência nacional", romper o elo mais evidente (porém não o mais característico da ação econômica neocolonial): o latifúndio representado pelo estereótipo do coronel. O segmento popular está representado no filme apenas por uma débil metonímia da figura de um negro que numa romântica alegoria acaba com o opressor no final da narrativa.

A dificuldade de posicionamento ideológico do cineasta frente às distintas camadas populares da sociedade brasileira, sua falta de conhecimento do *ethos* negro e indígena, e da dinâmica dos distintos processos civilizatórios, de seu valor e significação para a maioria da população. E, ainda, de percepção da própria situação cultural e posição social que ocupa e de seus eventuais comprometimentos socioeconômicos com a produção cinematográfica tornam muito difícil à realização de um tema que escape aos limites da estereotipia construída pela ideologia da discriminação.

As dificuldades dos cineastas em relação a este contexto temático podem ser exemplificadas em três ou quatro momentos expressivos da cinematografia nacional:

Com *Xica da Silva*, Carlos Diegues assume o estereótipo em diversas dimensões. Por questões de produção comercial ou "artística", o filme pede uma "licença histórica", isto é, não pretende ser uma reconstituição da época e da pessoa que foi Chica da Silva. Assim, sua "Xica da Silva" é uma imagem historicamente descomprometida. Isto dá margem a que o cineasta possa então "livremente" projetar as suas fantasias da mulher (negra) através de seu personagem. Resultado disto é a completa assunção do estereótipo que a ideologia da discriminação lança sobre a mulher de cor no Brasil.

As trágicas situações de opressão, humilhação e exploração que marcaram o contexto histórico em que esteve inserida a mulher negra estão esmaecidas, racionalizadas, invertidas e deslocadas na imagem condensada da "sedutora irresistível". No filme, não cabe ao homem branco, propagador da sífilis, a responsabilidade pelas humilhações sofridas pelas mulheres negras escravas, o que até é reconhecido por Gilberto Freire, mas ao "sensualismo e mistérios eróticos" destas.

Sabemos que as mulheres negras proeminentes, respeitadas e memorizadas historicamente e mesmo invocadas religiosamente pelos segmentos negros da diáspora, são aquelas que, senhoras descendentes de ilustres linhagens dos reinos de origem, caracterizaram sua passagem neste mundo por lutar e se dedicar a enraizar no Brasil sua herança sociocultural. Sobre este aspecto da mulher negra nada há no filme.

Uma vez enquadrada a imagem do negro nos limites do estereótipo da sensualidade, não escapa ao filme ilustrar a repisada e batida justificativa culposa colonial: cabe ao branco colonizador proporcionar-lhe a "evolução". Na imagem do estudante "rebelde e bom", o colonizador salvacionista apresenta-se sub-repticiamente em nova embalagem com leves matizes esquerdizantes.

Esta "moderna" visão de "Chica da Silva" recebeu fortes críticas dos que não se enganaram e denunciaram esta nova versão do estereótipo nas telas. Teve grande repercussão o depoimento-denúncia da historiadora Beatriz Nascimento, que se sentindo profundamente ofendida, como negra, como mulher e como historiadora protestou veementemente na imprensa.

A essas críticas, o cineasta foi buscar no arsenal ideológico pequeno-burguês as defesas da "liberdade de criação individual", e num hábil lance de *marketing* sensacionalista se dispôs contra as "patrulhagens ideológicas". Como não poderia deixar de ser, a velha tática: o agressor usa seu talento para se fazer de vítima – já não se pode mais esmagar ideologicamente os outros como antigamente [...]

Em *Bye, bye, Brasil* viajou com sua equipe pelo Norte-Nordeste. Para além de projetar num personagem a decadência de valores, a ironia e o sarcasmo do picareta triunfante, nada além do que lançar os piores estereótipos sobre o negro e o índio; a força bruta e subserviência emotiva para um; a impotência e a "inevitável degenerescência" para o outro, a quintessência da ignorância para ambos... Encerro aqui as minhas observações sobre esse filme indigno de maiores comentários.

O intelectual pequeno-burguês, fechado em seu apartamento da zona Sul do Rio de Janeiro, só entra em contato com os segmentos representativos da pluricultura brasileira esporadicamente, quando esta realidade entra pelo seu apartamento, e, portanto, sai de seu próprio contexto. Esse apartamento é o símbolo dos limites de percepção do personagem central de *Tudo bem*, de Arnaldo Jabor. É pela estante de livros, pelos discos, pela TV que a classe média percebe a realidade sociocultural envolvente. Daí a miniaturização, a caricaturização, a desvalorização que caracteriza a percepção da classe média das expressões mais significativas do processo pluricultural brasileiro.

A cultura negra, a cultura indígena, a cultura "nordestina", dimensões expressivas da cultura do povo brasileiro, são percebidas neste apartamento pelos parâmetros e limites do estereótipo: sensualismo e erotismo para o negro, fanatismo para o nordestino, naturalismo para o índio, e, em relação a si mesmo, a ironia como defesa, o desespero de viver neste apartamento, pequeno espaço que a história lhe reservou.

O intelectual pequeno-burguês vive a paranoia de que ao se sentir atraído e ao se aproximar de vertentes culturais diferentes surgiria uma catástofre. Sua fantasia é de que esta aproximação só poderia gerar uma situação: matar ou morrer. Para ele integração, o respeito entre as diversas alteridades e, sua capacidade de coexistência e mesmo aliança são impossíveis; tanto absorveu a ideologia da desculturação colonialista. A representação deste medo, dessa paranoia, está expressa no filme *Diamante bruto* de Orlando Senna. Esse medo se expressa nas indagações produzidas pela narrativa. Seria possível relações "interétnicas" e "inter-raciais" fora do contexto da opressão, exploração e manipulação? É impossível o casamento, a aliança entre brancos e negros sem que inevitavelmente o branco traia o negro e este morra por cumprir ou defender os compromissos? Não acreditamos em caracteres filogenéticos ou ontogenéticos [...]

Narrativa entremeada de ficção e documentário, contando com a participação dos habitantes de Lençóis nas filmagens, *Diamante bruto* procura marcar um maior espaço para a presença do negro na tela. No final da narrativa, Bugrinha, personagem negra representada pela artista de Lençóis, Gilda, morre e, de resto, um outro filme com essa perspectiva em Lençóis não ocorrerá tão cedo. Filme acabado, espaço encerrado?

DOCUMENTÁRIOS: CINEMA-VERDADE?

Muitos cineastas acreditam que as imagens captadas pela câmara e os sons captados pelos gravadores são capazes de revelar e representar a realidade em si. Do mesmo modo que muitos cientistas sociais acreditam que a observação e os questionários de "levantamento de dados" possam promover de per si o conhecimento do real. Esquecem que em meio às câmaras, às mesas de montagem, à produção, assim como na feitura dos questionários, na percepção do observador etc., estão presentes os interesses e as formas de percepção dominantes nos aparelhos ideológicos de Estado, reproduzindo as ideologias de que são agentes e coparticipantes. São essas ideologias que orientam o recorte da realidade, de que resultam então as representações. Na dinâmica social, interesses e aspirações de neutralidade e imparcialidade podem existir, todavia neutralidade e imparcialidade em si se constituem na percepção da realidade em meros ideais, assim como o "noumeno" kantiano.

O racionalismo moderno, representado no âmbito das ciências naturais por Bachelard, Koyré, Cavailles, e outros, teve bastante repercussão nas ciências sociais na França, e no Brasil [...] Todavia, a elaboração de uma nova epistemologia permitindo a ultrapassagem do empirismo não atingiu a muitos setores das Ciências Sociais. E se, por um lado, abria espaço para novo posicionamento epistemológico para além do empirismo, defendia-se ainda da percepção da realidade por excesso de teoricismo. De qualquer modo, o empirismo é uma ideologia bastante presente na área do cinema-documentário.

No cinema, a ideologia empirista se revela na crença de que a realidade pode ser imprimida pela ação da câmara. Desconhece-se assim, que a realidade que se quer focalizar está já representada. Desconhece-se que os discursos sociais que constroem as representações estão já presentes; na verdade, a câmara não faz mais que representar do ponto de vista de quem a dirige a realidade já codificada em linguagem. A fotografia é um retrato das linguagens sociais que revestem as práticas sociais, inclusive daquele que fotografa, sendo ela mesma uma linguagem.

Fazendo-se passar pela realidade, o cinema não se mostra como linguagem produzida (escamoteia-se a sua produção, o por detrás da tela e da imagem), e seu truque maior é exatamente fazer passar por "real" o que foi uma linguagem construída em outra realidade. A um público afeito à forma de comunicação cinematográfica, o "truque" chega a aparecer tão desapercebido que, em alguns gêneros de ficção, é preciso que se diga que determinadas identificações são "meras coincidências" [...]

Assim como o montador "limpa" o material, escolhe e seleciona os melhores planos, corta e confere ritmo à narrativa, o câmara também escolhe os enquadramentos, dá realces, estabelece foco, a qualidade da luz, o roteirista e o diretor escolhem um tema, constroem a narrativa, estabelecem locações, selecionam a equipe, o produtor reproduz a divisão do trabalho, escalas de salários etc, enfim todos participam da produção desta linguagem, o cinema. Sem falarmos aqui de outros níveis de compromissos institucionais que caracterizam o mais das vezes o resultado final. Enfim, um filme é uma linguagem produzida num contexto social, e como tal sofre as sobredeterminações históricas que caracterizam a dinâmica deste contexto.

O cinema-documentário não escapa a esse limite. Na formação social brasileira, caracterizadamente pluricultural, e ainda apresentando diferenças de classe, segmentos ou frações, de identidades etc., documentar o outro em sua alteridade própria, sem ingenuidades, sempre se apresenta como um difícil desafio.

Como vimos até aqui, no âmbito do chamado "cinema de ficção", os estereótipos vêm marcando as formas de representação do outro, desejos e vontades do próprio cineasta projeções de sua própria ideologia e de seus próprios desejos ameaças e interesses.

Neste ponto, a diferença entre o cinema de ficção e o documentário inexiste. Qualificarmos cinema-documentário de cinema-verdade tendo a ratificá-lo a comparação com o cinema de ficção é uma falsidade.

O cinema-documentário é tão fictício como o cinema de ficção. Suas diferenças estão nas formas de construção das narrativas, não na representação da "realidade".

O QUE SE DIZ E O QUE SE FALA

No cinema, o texto diz, a imagem fala. A imagem é por excelência o elemento característico da linguagem cinematográfica. A imagem é que dá o tom do filme, para além das intenções do diretor e do texto, embora seja construída e revele, portanto, até os aspectos inconscientes de quem a produziu.

Um dos mais destacados documentaristas do cinema brasileiro é Geraldo Sarno. Seus temas se constituem na busca de um filão, de uma temática que possa garantir um maior número de público interessado no cinema brasileiro. Seus filmes em geral estão voltados para o Nordeste. Considero seu filme *A feira* um dos mais belos e singelos documentários.

Com a publicação de *Os nagô e a morte*, de Juana Elbein dos Santos, surge um novo marco nos estudos negros. Utilizando seu texto, Geraldo Sarno, com *Iawô* e *Espaço sagrado*, procurou dar um novo enfoque, em seu ciclo de documentários sobre o Nordeste. *Viva Cariri*, *Viramundo*, *Casa grande e senzala* e outros, visavam condenar o "misticismo" do Nordeste, percebido até então como epifenômeno da exploração socioeconômica, englobando em um mesmo contexto religiões negras, cultos pentecostais, movimentos messiânicos, "catolicismo popular" etc. Em seu novo enfoque, porém, procura destacar o caráter alternativo e os valores civilizatórios peculiares que a cultura negra possui no Brasil e que influencia com seu processo dinâmico o curso da história brasileira.

Apesar desta postura, e da recorrência ao texto de Juana Elbein dos Santos, o filme *Iawô* vai sofrer as grandes dificuldades que atingem aqueles que no Brasil se aproximam das religiões negras com toda uma carga ideológica que sustenta os estereótipos que constituem o preconceito cultural, o recalque ideólogico, e informa a percepção deformante. Tentando, ser fiel às propostas metodológicas da autora de *Os nagô e a morte* que propõe a nível inicialmente da etnologia um enfoque dinâmico e dialético, desde dentro para fora e desde fora para dentro, o próprio diretor, escolhendo o tema da iniciação das noviças nas comunidades-terreiro, propõe-se a assumir o desafio de uma iniciação cultural.

Todavia, a ansiedade e o despreparo acabam levando Geraldo para outro rumo que o desta lenta e gradual iniciação. Para encurtar caminho, acertou fazer um ebó para estar apto a entrar num lugar no qual raras autoridades religiosas têm acesso, isto por ser a iniciação das iawô revestida de rituais que invocam forças sobrenaturais com as quais nem todas as pessoas da própria comunidade estão preparadas para lidar. Embora o próprio terreiro (seus dirigentes) tenha assumido a responsabilidade, permitindo a sua entrada e da equipe, o resultado foi que se o movimento da câmara, os gravadores e a presença das luzes não comprometeram o ritual da iniciação (o que extrapola nossa capacidade de julgamento: o que nos cabe é analisar o resultado dessa filmagem, dessa documentação, que sem estar escudada realmente por uma percepção desde de dentro e da compreensão do sistema simbólico específico aquele contexto ritual), deram ensejo a que aí fosse introduzido o estereótipo do exótico.

A maioria das cenas do filme, apesar do uso do texto de *Os nagô e a morte*, que não trata especificamente do ritual da iniciação, constitui-se de imagens produzidas por projeções exóticas ou exógenas, apreendidas imediatamente por um público de cinema já massificado de informações deformadas que caracterizam o estereótipo da discriminação e fortalecem o preconceito cultural.

Não nos preocupamos aqui em analisar filmes cujos diretores mais ou menos conscientemente assumem o preconceito, como o falecido I. Rosemberg, de *Candomblé* e vários outros, mas sim daqueles que conscientemente procuram assumir uma posição de valorização da cultura negro-brasileira e de cuja atuação resulta ainda a manutenção do círculo do estereótipo, no todo ou em parte.

No início da década de 70, um grupo de estudantes da Escola de Comunicação da Universidade Federal do Rio de Janeiro (UFRJ) procurou-me para fazermos um documentário tendo por temática a Umbanda no Rio de Janeiro. *Sái dessa exu*, dirigido por Roberto M. Moura, fotografado por Murilo Sales com assessoria e participação especial de José Paulo, jovem líder comunitário do morro Dona Marta, e comigo na parte de roteiro, visava mostrar determinadas variáveis ideológicas das "umbandas do asfalto" e "do morro". Acentuava estas variáveis, de um lado, a presença do discurso ideológico de índole catequética kardecista, envolto nos valores neocoloniais da pequena burguesia, de alguns de seus líderes, e, de outro, o discurso distinto dos líderes comunitários da "umbanda de morro" fixado na referência da resistência da tradição cultural negra, característica deste culto religioso.

O enfoque desta temática, e o seu predomínio na narrativa, entretanto, esmaeceu a presença marcante da estrutura simbólica e ritual neoafricana da Umbanda, sua forma específica de resistência e adaptação neste contexto histórico, e ainda ofuscou a peculiaridade da "umbanda de morro" enquanto centro de comunidade negra. Também o fato de a "umbanda de asfalto", na verdade, como invariante à estrutura simbólica e ritual negra. Este importante aspecto foi minimizado e mesmo recalcado. A dificuldade e mesmo a ausência de percepção e maior compreensão na época do sistema simbólico e ritual negro deu margem para que em algumas cenas essa ausência fosse preenchida pelas imagens características das representações neocoloniais do estereótipo do sensualismo e do exotismo, inspirado pela voga da ideologia da "contracultura".

Mais afastado das formas de percepção da ideologia da discriminação, na busca de um cinema-documentário para além dos limites do estereótipo, enfocando a cultura negra e seus dignitários, dando-lhes mais valor que o registro cinematográfico em si, *Espaço sagrado*, em sua versão de 10 minutos, de Geraldo Sarno, e *Cartola*, de Roberto Moura, são referências para novos caminhos.

DOCUMENTÁRIO FALSO OU FALSA FICÇÃO

Um filme que desenvolvesse uma temática e uma linguagem afeita a culturas diferentes das do realizador, na verdade, só poderia ser realizado com a participação e controle dos agentes?

Ladrões de cinema, de Fernando Coni Campos, mexeu com esta questão, ao mesmo tempo em que a escamoteava. Usando o truque do cinema no cinema, fixando-se na parte por detrás da câmara, a produção e a realização. A ilusão é que, na realidade, a verdadeira equipe permanece por detrás do detrás da câmara. O que está sendo filmado, enfim, não é a verdadeira equipe que filma, mas uma equipe de atores contratados para desempenhar o papel de improvisada equipe de produção e realização.

O que falsamente produz essa falsa equipe filmada composta de atores profissionais que encarnam os negros do morro, ladrões de cinema? Produzem a história do Tiradentes. Como produzem? Amadoristicamente, improvisadamente, na base do "jeitinho brasileiro".

O que resulta dessa produção, a que conclusões leva o espectador? Que se os negros tivessem os meios de produção cinematográficos na mão fariam a filmagem da história de Tiradentes? E de que forma (?) deficiente, improvisada, amadorística, de modo que qualquer espectador a esse Tiradentes preferirá o de Joaquim Pedro. A conclusão a que se quer chegar é que o cinema brasileiro está em "boas mãos"?

Quem ganha com a real má qualidade técnica da fita, atribuída aos fictícos "cineastas do morro", uma vez que por essa série de truques Coni, escondido por detrás da verdadeira câmera, lava suas mãos? Só pode ser o cinema americano (aqui a vítima roubada!!!), pois o espectador é levado a concordar, com os personagens dos americanos roubados, que não seria difícil eles fazerem um filme bem melhor que esse [...] Embora haja aquele personagem do americano que percebeu que o filme era uma "obra de arte", para seus interesses [...].

Enfim, resta ainda a comentar a reafirmação da ideologia ilusionista que dissolve as diferenças frente a uma única contradição, ou seja, a presença obstaculizante do cinema americano para o desenvolvimento do "cinema nacional". Se isto não deixa de ser uma meia-verdade, por outro lado é uma forma de não enfrentar a questão inicialmente colocada.

Na realidade, a verdadeira experiência da resposta ao que se colocou seria a de possibilitar a participação real da comunidade negra do morro na feitura do filme. Coni e sua equipe técnica se colocariam disponíveis para a mediação necessária (no contexto histórico atual), na produção de um filme que respondesse aos interesses e motivações da própria comunidade. Assim, a experiência do controle dos meios de produção teria um sentido mais expressivo e seria, acreditamos, mais honesta.

A EXPERIÊNCIA CINEMATOGRÁFICA DA SOCIEDADE DE ESTUDOS DA CULTURA NEGRA NO BRASIL (SECNEB)

A SECNEB, fundada em 1974, surgiu da necessidade de alguns líderes das comunidades negras terem uma instituição de caráter cultural, científico e reflexivo capaz de estabelecer uma mediação eficiente entre essas e a sociedade oficial. A SECNEB visa assim a suprir o vazio, o recalcamento e a deformação característicos das instituições científicas e culturais da sociedade oficial em relação ao valiosíssimo patrimônio civilizatório negro-brasileiro. Surgiu também, além de outros fatores, da necessidade de especialistas em cultura negra, tanto a nível da ciência quanto de arte e educação, de terem um espaço institucional dinâmico, aberto a novas experiências, capaz de possibilitar a real concretização de seus objetivos.

> A SECNEB, através de seu setor de artes espaciais, constituiu o núcleo de cinema, que se propôs a realizar uma série de documentários capazes de impulsionar uma revisão profunda da percepção histórica do negro, do seu patrimônio cultural e de suas instituições como instrumentos de identificação e de solidariedade das camadas mais desfavorecidas do povo brasileiro. Objetiva destacar esses valores como elementos significativos não só de um peculiar sistema cultural, de um rico universo estético e simbólico, mas como expressivas manifestações de afirmação social[2].

A primeira experiência foi o curta-metragem *Orixá Ninú Ilé* (os orixá do interior da Terra). Nos terreiros-nagô, o culto dos orixá, forças que regem o universo, são expressos através de ações litúrgicas revestidas com uma dimensão estética peculiar. Os terreiros produzem uma arte-sacra característica onde emblemas, vestimentas, utensílios, música, dança e combinações de cores magnificam o sagrado e explicitam significados simbólicos profundos.

Orixá Ninú Ilé se refere ao panteão da Terra, representado pelos orixá Nanã e seus dois filhos míticos Obaluaiye e Oxumare, cada qual manifestando em seus significados específicos a concepção do renascimento, do ciclo vital.

O filme mostra também aspectos da organização dos espaços que caracterizam as comunidades-terreiro nagô. O espaço-mato, que concentra o mistério da renovação, sua dimensão sagrada; o espaço urbano, com áreas públicas e reservadas, suas áreas profanas, onde habitam os integrantes da comunidade; e as áreas sagradas dos diversos templos, onde se processam cerimônias públicas e reservadas. Aspectos da organização social da comunidade e referências as suas hierarquias também são focalizados.

O segundo filme da série, *Iya-mi agbá – mito e metamorfose das mães nagô*, em média metragem, se refere à manifestação do princípio

---

[2] Press book da SECNEB apresentando os filmes *Orixá Ninú Ilé* e *Iya mi Agbá - mito e metamorfose das mães nagô*.

feminino da existência, expresso no culto aos ancestres femininos e aos orixá que detêm os variados aspectos do poder e da força deste princípio.

> O poder e o mistério das Iya-mi agbá, nossas mães ancestrais, deriva, fundamentalmente, da extraordinária capacidade de transformação e do desprendimento do corpo da mulher, gerando filhos e alimentos. Elas se transmutam, voam, consubstanciam-se em peixes, pássaros, sereias, morcegos e ratos; seus poderes extraordinários inspiram ambivalência, respeito, medo, mas também asseguram a expansão da existência.[3]

Emblemas, adereços, vestimentas, música, dança, objetos rituais etc., expressões da estética ritual negra, revelam e exprimem o significado profundo do princípio feminino que se encontra presente no culto dos orixá Odudua, Nanã, Iemanjá, Oxum, Obá e Oyá, do panteão nagô.

A dimensão mítica e simbólica do princípio feminino serve de referência para a identificação e integração psíquica e social da mulher negra que luta para cumprir o sentido de seu poder e de sua força: expandir a vida.

Esses dois filmes foram dirigidos por Juana Elbein dos Santos, com a assessoria e participação especial de Deoscoredes M. dos Santos, Mestre Didi, com a montagem de Carlos Brajsblat e ainda com a colaboração dos dignitários e integrantes da comunidade Ilé Odé Ewe. O texto teve a participação de Orlando Senna, Muniz Sodré e Marco Aurélio Luz.

O êxito dessas experiências encorajou a SECNEB a planejar e executar um longa-metragem.

REFLEXÕES SOBRE AS FILMAGENS DE EGUNGUN

A proposta da realização do filme Egungun surge de interesses recíprocos e até certo ponto comuns entre a SECNEB e a comunidade do Ile Agboula. O Ile Agboula constitui-se numa das mais tradicionais casas de culto aos ancestres nagô, os Egungun, talvez uma das únicas nas Américas, concentrando no Brasil uma tradição de mais de 200 anos e sendo ponto de referência dos mais significativos no processo dinâmico de continuidade dos valores civilizatórios e culturais negros na diáspora.

---

[3] Ibidem

O interesse da comunidade na realização do filme através da SECNEB está expresso na sentença do falecido Alagba Antônio Daniel de Paula: "essa filmagem é para elevar a seita".

Coube a SECNEB enfrentar então os desafios de integrar as distintas diferenças que regem a atividade cinematográfica, em geral, em relação ao objetivo visado.

O objetivo visado só poderia ser alcançado se a comunidade, seus valores e suas formas de comportamento fossem considerados acima dos interesses de simples registro cinematográfico, o que exigiria maior integração da equipe com a comunidade e com a SECNEB, para compreender a diversidade das expectativas inerentes aos contextos socioculturais envolventes.

Em termos técnicos, o registro cinematográfico dever-se-ia colocar no interesse da comunidade, e não ao contrário, o que exigiu:

• Condições técnicas de filmagem adaptadas às condições permissíveis para o registro pela comunidade, o que exigia esforços redobrados, principalmente em face de que em algumas situações ter-se-ia pouca mobilidade e poucos recursos de iluminação. Portanto, relações tecnocráticas de trabalho deveriam ceder lugar a esforços de adaptação técnica às condições da comunidade.

• Dispensar os recursos da "sedução populista" posta em prática pelas produções cinematográficas em geral que visam obter melhores condições de filmagens daqueles a serem "documentados". Neste caso, o produtor estaria a serviço da própria comunidade, portanto relações paternalistas deveriam ser abandonadas, por serem inócuas e, mais ainda, nocivas, por reproduzirem formas de comportamento característico das relações de opressão-exploração.

• À direção coube abrir espaços inusitados para a participação da SECNEB e de líderes comunitários, no exercício da mediação de seus interesses.

Essa complexa e nova experiência, com seus percalços e êxitos, acreditamos, expressará seus resultados quando do final da montagem. Pronto, o filme dirá dos resultados das novas posturas, das novas formas de percepção e, quem sabe, abrirá novos caminhos para as representações do negro no cinema.

CAPÍTULO II

ANÁLISE DOS OBSTÁCULOS PARA UMA ANTROPOLOGIA NEGRA

OBSTÁCULOS METODOLÓGICOS

No dia 3 de dezembro de 1974, o Ministro Silveira Azeredo, das Relações Exteriores do Brasil, em discurso dirigido ao Chanceler de Portugal, dizia num certo trecho que

> [...] o Brasil se sente naturalmente solidário com as novas nações africanas de expressão portuguesa. Não fazê-lo seria renegar sua própria realidade nacional, se somos portugueses pelo sangue, também pelo sangue somos africanos. Nossos ancestrais são os mesmos ancestrais dos que hoje se querem reunir a nós, como nações livres na comunidade internacional. Nunca será demais recontar essa inestimável contribuição portuguesa para a solução de um dos mais graves problemas com que tem-se defrontado a humanidade: o flagelo da discriminação racial. No Brasil, Portugal lançou as bases de uma sociedade multirracial aberta à mestiçagem, a tal ponto que somos hoje, provavelmente, a mais larga população mestiça do mundo. Desta mestiçagem nos orgulhamos, pois de nós fez o povo variado e rico que somos e permite sentirmo-nos autenticamente parte tanto das culturas lusa e europeia quanto das africanas[1]

E como brasileiro que me sinto parcialmente identificado com as palavras de nosso dignatário. *Como brasileiro* significa minhas vivências e minha personalidade, que foi formada nesse contexto histórico chamado Brasil. É como estudioso das ciências sociais que procuro me interessar pelos aspectos culturais que formam o patrimônio de valores e de comportamento do homem brasileiro. Muito já se escreveu sobre a história, a civilização e os aspectos culturais de nossa "autenticidade

---

[1] *Jornal do Brasil*, 3, p. 3, dez. 1974.

luso-europeia." Este trabalho procurará se situar no plano de nossa "autenticidade africana".

O esforço que ora desenvolvo visa harmonizar as diversas partes que compõem a minha personalidade de homem brasileiro, que se orgulha de sua pluralidade cultural.

Para tanto, é preciso abandonar desde cedo o ponto de partida que tem orientado a maioria dos estudos sobre o negro no Brasil – Nina Rodrigues (15) – que se inicia sob a insígnia de Silvio Romero, publicado em 1933, que assim conclamava os especialistas aos estudos da cultura negra:

"[...] O negro não é só uma máquina econômica, ele é antes de tudo, e malgrado sua ignorância, um objeto de ciência [...]".

E pedia aos especialistas que se apressassem, antes que morressem os africanos.

Ora, passados tantos anos, o ponto de partida deverá ser totalmente diferente. Primeiro, a necessidade do estudioso de desfazer-se de sua ganga preconceituosa em relação ao outro, e segundo, caso seja brasileiro, assumir todos os aspectos de sua negritude. Assim, deverá situar-se criticamente em relação às ideologias que representam deformadamente o negro, mesmo na sociedade brasileira. Tais ideologias identificam o outro projetando a sua ignorância em conhecê-lo, como se o outro fosse ignorante [...] E se o outro é colocado como objeto, como se poderá conhecê-lo como sujeito? Já existe aí uma grave deformação, pois não se trata de estudar o negro como objeto de ciência, mas sua cultura e seu complexo sistema civilizatório como fonte de sabedoria, da nossa sabedoria. Também não se pode compreendê-la como máquina econômica, porque hoje a economia política já permite discriminar a exploração dos meios de produção da exploração da força de trabalho. Por fim, sabemos hoje que, se os antigos africanos no Brasil desapareceram, o processo cultural herdado pelos seus descendentes marca acentuadamente os traços da nação brasileira, assim, como a cultura dos antigos colonizadores.

Por outro lado, as ciências sociais e especificamente a Antropologia não devem mais seguir os passos epistemológicos das chamadas ciências da natureza. Seu estudo compreende o outro, isto é, uma individualidade, uma personalidade ou um grupamento humano, em uma formação sociocultural própria e dinâmica. E este outro desconhecido a ser conhecido exige esforços específicos a essa disciplina.

O antropólogo deve ter uma atitude de se criticar continuamente, para que nas observações e coletas de material empírico, não projete suas fantasias ou as de sua cultura no outro ou na cultura do outro. O outro, no caso, a outra cultura possui uma especificidade própria e característica que não deve ser alvo de nenhum preconceito e, em se tratando das culturas negras, sabemos que elas têm sido continuamente reduzidas a outros discursos.

Essas reduções são um aspecto do que se chama de etnocentrismo. Muitas vezes, uma redução que atende aos interesses das relações sociais historicamente determinadas. Podemos avaliar o quanto a Antropologia, enquanto disciplina de conhecimento, não sofreu em seus múltiplos aspectos as sobredeterminações das relações coloniais em que se desenvolveu.

Sem querer criticar este ou aquele autor, nesta ou naquela obra, procurarei colocar o problema objetivamente. Como então conhecer uma cultura, ou um sistema simbólico, partindo-se de outra cultura e de outro sistema simbólico?

Em geral, o antropólogo ou estudioso estrangeiro esbarra no problema da coleta do material empírico, posto que a diferença de língua, muitas vezes, torna necessária a presença do intérprete, havendo ainda dificuldades quanto à informação: a que fonte irá recorrer, que dados levantar, enfim que aspectos teóricos (as chamadas hipóteses) aplicar aos casos concretos? Os dados submetidos ao simbólico da cultura do pesquisador *de fora* (aquele que se mantém à margem de uma inserção na cultura a ser estudada) serão deformados e encaixados em algumas teorias que formam o acervo simbólico dessa cultura.

Seria então a pesquisa feita "desde dentro para desde fora" que poderia traduzir no código da cultura do antropólogo os significados do código da cultura estudada, e é a partir deste ponto que acredito ter para nós brasileiros interesse de reconhecer o outro através do nós.

Sem dúvida, tal perspectiva desde dentro para desde fora foi desenvolvida, conscientemente, entre nós por Juana Elbein dos Santos em muitos de seus trabalhos, especialmente, em seu livro *Os nagô e a morte*. Desde já, convém declarar que não seria possível a elaboração do presente trabalho sem a colaboração de Juana Elbein dos Santos, assim como de seu marido, Deoscoredes M. dos Santos, Mestre Didi. Isto porque o trabalho de ambos constitui hoje no Brasil a comunicação mais representativa da comunidade nagô com a sociedade global; quer através dos textos teóricos de Juana como das recriações artísticas e dos contos publicados por Mestre Didi[2] e ainda através da realização de exposições de arte sacra negra e da constituição de simpósios que muito têm ajudado para um melhor esclarecimento do que é a cultura *nagô* no Brasil.

De sua experiência, conta Juana E. dos Santos:

> A vida participada primeiramente de maneira passiva, enquanto observadora, e de modo cada vez mais ativo ao sabor do desenvolvimento progressivo da rede de relações interpessoais, e o lugar que ocupei em seguida no grupo, me iniciaram num conhecimento "desde dentro", obrigandome a corrigir, revisar, modificar, e vez por outra mesmo rejeitar inteiramente as teorias e os métodos inaplicáveis ou desprovidos de eficácia para a compreensão consciente e objetiva dos fatos. O que nos leva a defrontar com dois problemas: primeiro – como ver, e – segundo como interpretar. (16)

Assim me parece que o *como ver* seria a forma proposta pela própria cultura nagô, e o *como interpretar* seria uma fase de reestruturação consciente deste ver, que enfim terminaria numa possibilidade de complementar o *desde dentro* com o *desde fora* tentando traduzir para este, discurso teórico, aquela percepção e aquele discurso.

O *desde dentro* significa no âmbito do conhecimento da cultura nagô uma situação quase inevitável

> [...] do fato que a religião Nagô constitui uma experiência iniciática no curso da qual os conhecimentos são apreendidos por meio de uma experiência vivida ao nível bipessoal e ao nível do grupo, através de um desenvolvimento progressivo devido à transmissão e à absorção de uma força e de um conhecimento simbólicos e complexos a todos os níveis da pessoa, e que representa a incorporação vivida de todos os elementos coletivos e individuais do sistema [...]. (17)
>
> [...]
>
> [...] Ser "iniciado", aprender os elementos e os valores de uma cultura "desde dentro", através de uma inter-relação dinâmica no seio de um grupo, e, ao mesmo tempo, poder abstrair desta realidade empírica os

---

[2] Deoscóredes M. dos Santos publicou vários livros narrando mitos e contos da cultura nagô: *Contos de nagô. Contos negros da Bahia, Porque Oxalá usa Ekodide, Contos crioulos da Bahia, Contos de Mestre Didi, Axé Opô Afonjá, um calendário litúrgico.*

> mecanismos do conjunto e sua significação dinâmica, suas relações simbólicas, numa abstração consciente "desde fora", eis uma aspiração ambiciosa, eis uma combinação pouco provável. (18)

Ora, esta probabilidade tornou-se possível graças ao próprio empreendimento da autora, que além de ter proporcionado a seus leitores um formidável conhecimento da cultura nagô, sem dúvida também marcou um espaço epistemológico e metodológico na Antropologia.

Suas indicações metodológicas são, para mim, a fundação do novo ponto de partida para os estudos etnológicos, especialmente no Brasil.

Em síntese, pode-se dizer que somente uma pesquisa etnológica que leve em consideração um caminho que seja *desde dentro para desde fora* poderá superar os obstáculos do etnocentrismo.

Resumidamente, segundo Juana E. dos Santos, o caminho para orientar a pesquisa *desde dentro para desde fora,* deverá seguir três níveis:

> O nível factual – ou a realidade empírica do decorrer do ritual, o mais detalhado e o mais exato, a revisão crítica, ou seja, a desmistificação das ideologias estranhas, a reformulação dos elementos específicos do sistema – e a interpretação dos símbolos, ou seja, a significação funcional e dinâmica dos conteúdos do sistema–; os três níveis apresentam interrelações e constituem, por assim dizer, instrumentos intercambiáveis de uma técnica orientada fundamentalmente pela lenta e progressiva experiência do terreno que qualificarei de "iniciática". (19)

A partir dessas indicações, uma antropologia negra deve focalizar os aspectos do sistema cultural negro-brasileiro, como uma opção por um desenvolvimento cultural iniciático. Será um esforço de reunir as experiências vividas, o que seria a realidade empírica; para então poder desenvolver em meio ao processo iniciático a crítica à qualquer inversão do projeto *desde dentro para desde fora,* proporcionando um choque seletivo das ideologias e teorias *desde fora* que formam um aspecto da cultura e da história pessoal do antropólogo em geral com a nova cultura a ser introjetada e apreendida e, enfim, a compreensão deste novo processo de acesso ao simbólico específico e próprio da cultura negra que constitui o veículo de seu sistema de comunicação.

OBSTÁCULOS EPISTEMOLÓGICOS

O etnocentrismo é o maior obstáculo com que se depara tanto o etnógrafo quanto o etnólogo, ou o antropólogo de um modo geral. Há muito tempo a filosofia ocidental se preocupa com a forma de se processar o conhecimento. A *Teoria do Conhecimento,* como um aspecto da *Metafísica,* procurou dar no âmbito de seu discurso a resposta. De Platão e Aristóteles a Husserl, uma grande variedade de teorias tentou explicar a relação entre a clássica dicotomia do sujeito e do objeto. Esta preocupação atingiu as mais variadas regiões da Epistemologia, e, no que toca às chamadas ciências humanas, disciplinas como as diversas teorias da História, o Materialismo Dialético, a Sociologia do Conhecimento etc. procuraram explicar o próprio processo de conhecimento de seus "objetos."

No que se refere à Antropologia, interessaria primeiro localizar a situação de seu "objeto", e em que âmbito cultural se desenvolve seu discurso. Trata-se aqui apenas da chamada Antropologia Social, que procura classificar seu objeto de ciência como *sociedades primitivas,* ou sociedades *ditas* primitivas, ou sociedades *"primitivas"* ou ainda de *sociedades sem escrita,* ou *sociedades sem máquinas* etc.

Ora, já as três primeiras denominações denunciam uma delicada situação. Baseada nas filosofias da História e posteriormente nas premissas de Darwin, e em alguns achados arqueológicos, a Antropologia, de um modo geral, estabeleceu uma classificação evolutiva assentada em caracteres cranianos, que colocavam o homem centroeuropeu no ápice da evolução da espécie "homo", o *Homo sapiens.* Mais recentemente, caiu por terra essa avaliação em seu próprio discurso, quando seus parâmetros foram abalados pelo registro de fósseis de espécimes de *homo* mais "primitivo" na própria Europa, o *Homem de Neanderthal,* em idades mais recentes que o *Homo sapiens.*

Por outro lado, hoje também sabemos que o *homo sapiens,* tal qual somos, originou-se na África.

Pode-se dizer hoje que vários tipos de hominídeos têm coexistido no tempo. Sabe-se que, na verdade, o Homem de Neanderthal não precedeu as mais antigas formas do *Homo sapiens.*

A Antropologia Social, de início, baseou-se nesses critérios da Antropologia Física para, de algum modo, caracterizar-se como sendo a disciplina que estudava os povos primitivos e esta premissa, sem dúvida, sobredeterminou vários estudiosos, não só da Antropologia como de disciplinas afins. As proposições mais lamentáveis são as que se basearam no conceito de Lévy-Bruhl de pré-logismo, nas projeções centro europeias de Freud, nas suas infelizes aproximações entre neuróticos e "primitivos" em *Totem e tabu,* no conceito materialista histórico de "comunismo primitivo", e no deslocamento feito com muito pouca sutileza da célebre frase "a religião é o ópio do povo..." para aplicá-la a qualquer religião e em qualquer conjuntura histórica etc.

No que tange à Antropologia brasileira, fundamentados na obra de Nina Rodrigues (cujo livro Os *africanos no Brasil* transpira concepções etnocentristas e evolucionistas), diversos estudiosos foram marcados pela sua premissa de que o negro "é incapaz de civilização."

Muitos estudos, aqui e ali, ecoam os acordes do etnocentrismo europeu, sem dúvida uma expressão teórica e psicológica sobre determinada pelas relações de opressão e exploração colonial.

Recai, todavia, sobre o nome de um francês, Lévi-Strauss, a divulgação da denúncia e a crítica dos mais diversos conceitos e teorias de bases etnocêntricas principalmente o pré-logismo de Lévi-Bruhl existente neste discurso europeu. Sem dúvida, a partir do próprio processo de descolonização e libertação dos povos colonizados, Lévi-Strauss demonstrou que qualquer manifestação cultural humana possui estruturas lógicas, sejam os sistemas de parentesco, mitos, classificações botânicas, zoológicas e minerais, para os mais diversos fins.[3]

Foi também Lévi-Strauss quem denunciou o evolucionismo na Antropologia como um obstáculo teórico. Além da teoria da Evolução das Espécies que contribuiu para a conotação da palavra "primitivo", o objeto da Antropologia sofreu também muita influência das diversas filosofias da História. Essas filosofias caracterizaram-se por demonstrar uma gradual evolução da "história," sempre tendendo a declarar em tom messiânico a proximidade de uma nova época de grandeza a se estabelecer na nação de seu autor.

Assim, desde Pascal, Vico, Condorcet, Hegel, Augusto Conte, e outros, anuncia-se a grandeza de uma etapa histórica de que seriam então seus porta-vozes. Ora o *logos* reincarnaria na Alemanha, ora a França chegava à etapa positivista. Os demais viriam atrás. Do mesmo modo, essa estrutura discursiva evolucionista serviu para que os ideólogos de

[3] Principalmente em *Raça e história* e *O pensamento selvagem.* (20, 21)

cada nação, de acordo com os critérios que mais lhes favorecessem, situassem sua nação à frente, seja o arianismo, seja a tradição da nobreza monárquica de "sangue azul", seja o desenvolvimento tecnológico e industrial e houve até quem tivesse o maior e mais alto edifício do mundo ou já tivesse "conquistado" a lua.

Foi Lévi-Strauss quem esclareceu que os critérios evolucionistas, quer na biologia, quer nas filosofias da História, não teriam pertinência na Antropologia Social, compreendendo também os baseados nos instrumentos de produção ou nos meios de comunicação.

É o caso das demais classificações de objeto da Antropologia, ou seja, sociedades sem máquinas ou sem escrita, posto que, inclusive, estas denominações indicam uma ausência e, por oposição, sugerem uma desigualdade.

Após as críticas, de um modo geral, setores vinculados à própria Antropologia propuseram-se a desmistificar e a reformular o seu objeto. O grande problema é que o próprio conceito de objeto indicava uma atitude epistemológica de difícil resolução.

A forma como o homem branco vem estabelecendo sua relação de conhecimento já é muito específica de sua própria cultura. Mesmo em se tratando das chamadas ciências da natureza, que procura conhecer, esta já se apresenta como algo vulgar e coisificado na conotação dada à palavra *objeto.* As filosofias ocidentais sempre procuraram idealizar o homem, colocando-o acima dos demais seres, numa relação de competição e dominação – "o homem contra a natureza". Assim, as filosofias humanistas têm verdadeira ojeriza de que o homem seja "coisificado", posto que aquilo que não é "sujeito" é algo visto sempre como incomunicável, e como algo a ser utilizado da maneira como o homem queira. Os animais, as plantas, os minerais são classificados como não tendo alma, portanto...

Foram estes pontos de partida que criaram as controvérsias em torno de se o homem poderia ser objeto de ciência (Antropologia) ou se somente poder-se-ia conhecê-lo como sujeito (Filosofia).

Para vencer este falso problema, a Antropologia se fixou no *outro,* considerado etnicamente, o qual pôde então ser caracterizado como objeto, e, a par e passo com a diferença étnica, estabeleceram-se parâmetros com vistas a confirmar as desigualdades.

A crítica das noções de "progresso," "evolução" etc. feita por Lévi-Strauss não bastou para que se suprimissem em Antropologia temas do tipo "do homem primitivo às sociedades contemporâneas." Tal enfoque é capaz de estabelecer critérios temporais os mais parciais e contraditórios. Assim, o tempo de hoje no Rio de Janeiro, mesmo que se tome um avião e se chegue ao Xingu em horas, na verdade, seria uma volta aos tempos da "Pré-história"? Estamos então no próprio domínio da ficção científica ... E um dia, assim como o *hiparion* tornou-se *equus caballus,* o índio acabaria por abandonar o arco e flecha e usaria as armas atômicas... Desde 1500, no Brasil, nada aconteceu que indicasse tal fenômeno, e nada permite que se compare o uso de determinado instrumento em civilizações diferentes, como se houvesse entre eles um processo evolutivo como a evolução determinada das espécies.

O resultado dessas observações coloca uma situação complexa. Pode-se, a partir de agora, afirmar que existem povos etnicamente diferentes, sem, contudo, haver diferenças biológicas, como por tantas vezes já se comprovou, entre civilizações e culturas contemporâneas diferentes; porém seria uma posição etnocêntrica clássica colocá-las como desiguais.

Cada civilização, cada cultura, possui seus valores, seus padrões próprios, pertinentes a sua história específica, seus instrumentos de trabalho, com seu ritmo próprio que caracteriza, se comparadas, a diferença, porém nunca a desigualdade.

Assim, o critério de caracterizar o "objeto" de estudo como "sociedades sem máquinas" ou "sem escrita", além de conotar de saída um preconceito medido pela proposição de ausência, demonstra ainda um desconhecimento das culturas em questão e do próprio processo civilizatório que caracteriza a sociedade com máquina e com escrita, como se estas sociedades não tivessem aprendido técnicas básicas de várias descobertas com os demais povos, entre elas o plantio da batata, do milho, do inhame e de inúmeras ervas, da pimenta, e ainda a borracha, o tabaco, os algarismos, o zero, técnicas de navegação, a pólvora etc., sem as quais não se produziria esse processo como tal; isso, para falarmos apenas do plano econômico por assim dizer, deixando de lado os planos da organização social, dos padrões de comportamento, das cosmogonias, técnicas terapêuticas e profiláticas, técnicas de produção artística, religião etc.

Este critério demonstra, sobretudo, a despreocupação de se levar em conta as necessidades conjunturais de cada cultura. Se, por um lado, a comunicação escrita e o uso das máquinas caracterizam uma forma de comunicação e um conhecimento mecânico, não servem, por outro lado, de parâmetro para culturas que se caracterizam por outras formas de comunicação e se sobressaem em outros aspectos do conhecimento.

Dessa forma, por exemplo, as chamadas "culturas orais" se comunicam por um processo interdinâmico pessoal ou intergrupal que reage à introdução de uma comunicação com base na escrita. Não por não a possuírem, mas por ser secundária ao próprio processo dominante.

Até aqui, o etnocentrismo foi caracterizado como um obstáculo teórico. Procurarei ilustrar alguns aspectos da conjuntura teórica que caracteriza a Antropologia e que sobredetermina a própria eleição de seu "objeto." Ora, sem pretender continuar em maiores divagações epistemológicas, poder-se-á arguir até mesmo este ponto de partida, isto é, o processo de conhecimento do homem ocidental caracterizadamente de bases compartimentadas e de forma analítica. Todavia, se procuro defender e colocar uma posição metodológica *desde dentro para desde fora,* hei de levar em conta o "momento desde fora," o código no qual se retraduzirá o contexto de signos apreendidos e introjetados na vivência e nas elaborações *desde dentro.*

Portanto, qualquer pressuposto teórico *desde fora* será, na verdade, submetido à crítica a partir *desde dentro,* e aqui ou ali poderão ser feitas aproximações, mas é de todo inconveniente qualquer atitude *a priori*, embora somente a partir de uma inserção pessoal este processo crítico ir-se-á realizando.

Assim é que, de início, tem-se, de um lado, o antropólogo com seu acervo cultural, seu passado histórico, seu comportamento, sua visão do mundo, sua estrutura psicológica; e, de outro, a cultura a ser pesquisada, com todas as suas características próprias e suas diferenças. No caso do processo iniciático nagô, ele se apresenta pela dinâmica que caracteriza primordialmente um contato bipessoal com o outro que a representa, com seu acervo, cultural, seu passado histórico, seu comportamento, sua visão do mundo, sua estrutura psicológica. A demanda no caso é do antropólogo, ele é quem deverá sofrer uma mudança que lhe permita, através deste contato entre as diferenças, alcançar ou reconhecer uma nova identidade, para que então essa possa ser comunicada em sua outra cultura, da forma que for mais conveniente.

É então a partir da dinâmica interpessoal do sujeito com o outro, que se processarão as diversas trocas de identificações que permitirão o *nós*.

Uma vez afastados os obstáculos teóricos do etnocentrismo, resta ainda um aspecto, mais complexo que favorece as resistências em direção ao método *desde dentro para desde fora;* trata-se da estrutura psicológica do antropólogo, estrutura essa que se traduz por uma rede de fantasias que não permite o reconhecimento do outro enquanto tal, fantasias que caracterizam um outro aspecto do etnocentrismo, mais primário e mais profundo, posto que se situam no plano das manifestações inconscientes e pré-conscientes do psiquismo daquele que absorveu as vivências de um passado e de um presente cultural etnocêntrico.

Trata-se de toda uma ordem de fantasias sobredeterminada pelas formas como foram estabelecidos os contatos interétnicos entre o branco e o negro na sociedade colonial e escravagista.

Esta situação passada, embora esteja amenizada ao nível principalmente da ideologia oficial do Estado brasileiro, ainda não se desfez totalmente; ainda que muitos esforços tenham sido feitos neste sentido, a partir mesmo do impulso culposo de Rui Barbosa, mandando queimar os arquivos de registros do "tráfico negreiro" para acabar com "a mancha da escravidão," o que foi lamentável para os estudos do povo negro.

Esta situação psicológica é uma das características do que se convencionou chamar de "preconceito racial". Muito se tem falado sobre este assunto, sempre levando-se em conta como ponto de referência sua existência ou não.

Neste momento, não me interessa encaminhar o assunto deste modo, mas somente tentar colocar, através de minha experiência vivida, o que compreendo como tal.

Não creio que o preconceito seja caracterizadamente de cor, ou de "raça". Não acredito que só o fato da presença de pessoas de aparência física diferentes, embora aspectos distintos sejam observáveis, seja caracterizado por uma atitude de rejeição e opressão, enfim de preconceito. Neste caso, seria inútil qualquer tentativa de extingui-lo, como se propõem várias instituições humanísticas, ou mesmo os brasileiros que desejam, enfim no Brasil, a integração nacional.

Como até hoje os contatos entre a sociedade global e as comunidades negras foram permeados por uma comunicação cheia de ruídos, tanto de um lado quanto de outro, existem idealizações e deformações daqueles que nelas estão integrados. Os valores, os padrões, a estrutura de comportamento etc. sendo diferentes e desconhecidos geram então uma situação de ruído, no sentido que a Teoria da Comunicação emprega esta palavra.

É claro que as relações de produção colonial-escravagistas sobredeterminaram acentuadamente esta situação, e a falta de convívio entre esses extratos étnicos da população brasileira caracterizou-se pelos parâmetros do *status* da opressão e exploração.

O desconhecimento do outro considerado etnicamente provoca situações fantasiosas que ocupam o lugar da realidade.

Essas fantasias caracterizam-se por um mecanismo de projeção. Dependendo da história individual e do lugar social ocupado.

Assim, o outro torna-se o depositário de tudo aquilo que em nós mesmos condenamos ou desejamos, ora no sentido de agredi-lo, ora de idealizá-lo.

A diferença é estabelecida então em bases irreais, e o outro continua desconhecido e, portanto, ameaçador, na medida em que é representado por uma ordem de fantasias.

Esta ordem de fantasias constitui a base das ideologias que falam do outro e caracteriza então o que se denomina preconceito de cor ou racial, denominação já ideológica.

É esse discurso ideológico de bases imaginárias que bloqueia a possibilidade de uma troca simbólica que permitiria então um acesso maior à realidade do outro.

Então, para se chegar à realidade do outro através de uma troca de mensagens, é preciso que se tenha uma imensa abertura para o *nós;* e, pouco a pouco, as fantasias darão lugar à realidade.

No que toca ao antropólogo, sua maior dificuldade estará no processo metodológico *desde dentro para desde fora,* em elaborar o luto da perda de referência de seu acervo cultural, tanto no plano teórico quanto psicológico, no que se refere à avaliação precisa da cultura estudada.

Seu ponto de referência é poder traduzir numa ordem simbólica *desde fora* a ordem simbólica *desde dentro.* Os diversos signos que compõem o sistema simbólico percebido *desde dentro* só poderão ser compreendidos na sua própria significação se entendidos no próprio contexto em que se combinam. De pouco adiantarão, neste caso, aproximações puras e simples com contextos simbólicos *desde fora,* mesmo que esses sejam classificados aí como "teorias científicas."

A compreensão de um outro simbólico só pode ser entendida na relação dialética *vivido-concebido*. É no interior das vivências das práticas, que se conhece; e, como vimos, esta é uma característica própria da entrada no mundo negro.

Deste modo, o próprio processo de conhecimento é colocado em questão, onde a abstração é acompanhada das sensações e emoções que caracterizam a forma de contato nesta cultura do homem com a natureza, sendo ela enfim também um Outro; e é a partir deste ponto, que o antropólogo já se encontra num outro contexto simbólico, que sobredetermina nova atuação. Entre a abstração e a prática há uma mediação, o contexto simbólico que deverá ser conhecido no interior da dinâmica do próprio processo cultural iniciático em que se realiza.

TRISTES ESTEREÓTIPOS OU "NA SUBIDA DO MORRO ME CONTARAM..."

Em um dos últimos filmes de Spike Lee, *Bamboozled* (22), ele faz uma reflexão sobre uma estratégia usada pelos afro-americanos, procurando "caçar jeito de viver", em meio à repressão do poder anglo-saxão e quejandos nos EUA, qual seja a de "procurar manter o branco rindo".

Foi o próprio artista "branco", pintando-se de preto, quem criou inicialmente um estereótipo cômico do negro que se ridiculariza e se avacalha, provocando "a graça" no mundo do espetáculo.

Depois vieram alguns artistas negros, eles próprios por esse caminho, se pintando de preto para se ridicularizar e provocar os risos dos brancos...

Dessa trajetória tragicômica trata o filme do cineasta de vanguarda; isto é, o lugar do bobo alegre "incluído" no lugar social delimitado por "40 acres de terra e uma mula" e acrescentaria também, hoje em dia no Brasil, por determinados espaços do "cristianismo eletrônico massificante da TV".

Conhecemos de perto esse processo de denegação da identidade própria, do recalcamento dos valores, do flagelar a autoestima, que tem suas falsas compensações, isto é, a ilusão de ser aceito no "mundo dos brancos", especialmente na mídia.

No contexto da música no carnaval, volta e meia aparece o estereótipo da "nêga maluca", causando constrangimentos vários na nossa comunalidade. Isto porque essa "personagem" está assentada em séria construção ideológica que visa massacrar a alteridade de gênero e de cultura no processo social do Brasil.

No decorrer da história do ocidente percebemos que o patriarcalismo tem como característica à repressão ao significado de complementação inexorável que possuem os princípios masculinos e femininos procurando denegar a complexidade e a riqueza existencial da própria continuidade da espécie, censurando o poder da mulher.

A mulher é, então, vítima de perseguições inquisitoriais na idade média, acusada aqui e ali de feitiçaria de estar com o "diabo no corpo"; corpo que se transforma nos meandros da capacidade de gestação e criação dos nascituros.

Já na modernidade, o estatuto da perseguição e repressão recai no plano da psiquiatria da época, enquadrada na categoria da doença da histeria, palavra derivada do radical *hister* que em latim significa útero, cujo sintoma é o descontrole psicomotor.

No alvorecer da abolição da escravatura e na república no Brasil, o médico Nina Rodrigues elaborava e divulgava a ideologia discriminatória da "evolução das raças" que iria procurar sedimentar os espaços sociais desdobrados do colonialismo escravista, ou seja, "mudar para nada mudar" como diria a personagem do nobre "revolucionário" do filme de Visconti, O Leopardo.

Assentado no poder de Estado atribuído pela burguesia ao "discurso científico", Nina Rodrigues vaticinava:

> [...] o fraco desenvolvimento intelectual do negro primitivo, auxiliado pelas práticas exaurientes das superstições religiosas, como factor do estado de possessão do santo equivale, pois à atividade hysteria que para os negros mais inteligentes constitui esse factor. (23)

Em contraposição ao corpo inerte contido pela armadura de ferro da repressão do claustro dos conventos católicos, a religião da tradição africana se constitui de outras formas de comunicação com o sagrado, onde o corpo em movimento culmina no solene momento de *religare*; a manifestação do orixá, que realiza num aqui e agora comunitário, toda cosmogonia e projeções institucionais de valores hierárquicos que procuram ordenar e controlar o caos.

O ataque de Nina Rodrigues, interpretando a manifestação do orixá como sintoma de histeria, constituiu o âmago do preconceito e do recalque, a fim de desqualificar e desvalorizar a religião afro-brasileira, fonte de civilização e assim também descapacitar os afro-descendentes dos novos direitos de cidadania

Hoje, sabemos o quanto à ideologia da "evolução das raças" tem causado de prejuízo às relações entre povos de culturas diversas, instigando os inúmeros genocídios na intencionalidade da política de branqueamento.

O ideal de corpo inerte, ou aquele comandado pelo esquadrinhamento mecânico dos movimentos se espraia para além das delimitações dos conventos, da carceragem, das escolas, hospitais, fábricas e escritórios, envolvendo a supervalorização da articulação do sentido da visão com o cérebro que caracteriza e delimita códigos e repertórios europocêntricos da indústria cultural.

Na tradição africana é bastante diferente, nela todos os sentidos são chamados, através do movimento, à participação na dinâmica entre esse mundo e o além, estabelecendo infindáveis e complexos processos de comunicação, riqueza cultural de códigos e repertórios compartilhados pelos sentimentos, emoções e elaborações da comunalidade reunida.

No carnaval da Bahia, desde seu início, o espaço público é disputado a par e passo pelos grupos sociais no sentido de afirmarem seus valores e identidades.

Neste espaço de consagração da identidade, a linguagem emergente das comunidades afrobrasileiras se depara, primeiramente, com o poder dos automóveis dos corsos e, depois, dos caminhões dos trios elétricos e, hoje, dos eletroeletrônicos articulados com o mundo do espetáculo combinado com a televisão e o mercado de CDs e principalmente da propaganda comercial.

Mesmo neste espaço é o mundo do samba e seus desdobramentos que hoje predominam. Todavia, neste terreno, percebemos o esforço de cooptação sofrido por alguns grupos constituídos por pessoas com identidades fracionadas, que aqui e ali, denegam a honra e homenagem a seus ancestrais, se "pintando" de samba para esculachar, por exemplo, com a imagem da mulher negra, erigindo o estereótipo da "nega maluca, solteira e tarada", acreditando, assim, em verem abertas as portas da mídia. Mas não se enganem com essa estratégia, essas portas só se abrem até o limite de "40 acres e uma mula".

CAPÍTULO III

SUBSÍDIOS PARA UMA PERCEPÇÃO DA RELIGIÃO NEGRA BRASILEIRA

Decorridos dez anos da publicação, em coautoria, de *O segredo da macumba* (24), cabe neste momento uma reflexão crítica daquele meu primeiro trabalho acerca da religião negra.

Em primeiro lugar, quero me referir aos aspectos de uma postura teórica que inspiraram o trabalho, isto é, a crença absoluta no valor das ciências europeias marcadas pelas relações históricas colonialistas. Esta postura epistemológica "eurocêntrica" está presente na utilização especificamente dos discursos da ciência, da história e da psicanálise. É evidente que esses discursos teóricos não devem ser simplesmente desprezados, todavia devem sofrer uma avaliação *desde dentro para desde fora,* e nunca servir como código capaz de absorver realidades distintas das experiências históricas que resultaram nas suas elaborações conceituais, sob pena de alimentarem percepções imaginárias as mais variadas.

Em segundo lugar, cabe refletir que aquele primeiro trabalho sofreu a atuação da ideologia da "contracultura" que, se por um lado procurava dar novas respostas culturais a indagações e expectativas de determinado setor da sociedade que a cultura oficial não respondia, por outro, no caso específico, recalcava de certa forma o valor próprio da cultura negro-brasileira, a sua real dimensão, e a complexidade e riqueza do processo civilizatório negro.

Num momento em que no Brasil, a nível acadêmico, pouquíssimos trabalhos voltavam-se para esta temática, *O segredo da macumba* teve seu impacto, provocou novos interesses e motivações, sendo volta e meia, citado em estudos especializados no assunto realizados por diversos teóricos e ideólogos, sejam antropólogos, sociólogos, psicanalistas etc.

Por esta razão, cabe-me uma responsabilidade de proposição mais adequada à realidade, fruto da continuidade de minhas experiências e envolvimento com a cultura negra, desenvolvidos de lá para cá.

Sem que me fixe num trabalho de análise crítica, situarei alguns pontos que de per si são capazes de destacar uma nova percepção.

RELIGIÃO NEGRA, CENTRO DINÂMICO DE CIVILIZAÇÃO

Nunca é demasiado destacar, o valor e o lugar que a religião ocupa no processo civilizatório negro. A religião se caracteriza como um eixo, "um elemento central" (25) deste processo. A civilização negra se caracteriza por exprimir uma concepção "espiritualista" do mundo, onde a constituição da individualidade, as relações sociais, as relações com a natureza e o universo estão revestidas de uma dimensão sagrada. Esta dimensão sagrada acompanha até mesmo as inúmeras atuações profanas daqueles que vivem este universo cultural, estejam elas vinculadas a esferas políticas, sociais ou econômicas.

Longe de ser "ópio do povo," a religião negra é ponto básico, é fonte de afirmação dos valores civilizatórios negros e núcleo de resistência às variadas formas de aspirações neocolonialistas.

Nas Américas, as religiões negras se caracterizam como bem estruturadas comunidades que mantêm continuamente revitalizado o processo civilizatório negro, marcando substancialmente a presença da África neste continente.

Até aqui, referimo-nos ao processo dinâmico civilizatório negro tomando-o como homogêneo. Poder-se-ia falar de civilização africana do mesmo modo como nos referimos a civilização europeia, civilização asiática, civilização ameríndia? Quais são as bases de referência geral para essa homogeneidade? Essas bases estão constituídas exatamente pelo que acima nos referimos, ou seja, uma concepção espiritualista do universo, a dimensão do sagrado e o lugar da religião.

Além de a religião negra possuir características próprias genuínas que a diferencia dos demais processos civilizatórios, ela possui também, variáveis próprias entre os diversos povos que constituem a civilização negra.

De um lado, a religião negra possui características invariantes próprias que a homogeneízam frente a outras religiões. De outro lado, ela possui variáveis de etnia para etnia, de cultura para cultura, levando-nos a falar em religiões negras.

ASPECTOS HISTÓRICOS

Convém fazermos agora uma ligeira referência histórica para situarmos, no âmbito da formação social brasileira, as etnias e nações que para cá vieram e trouxeram, fixaram e dinamizaram seus processos culturais e suas religiões.

As primeiras nações vieram da área convencionada Bantu, abrangendo as etnias que formavam o antigo império do Congo. Até o século XVII, não se encontravam de maneira significativa os chamados Sudaneses. O importante para nós é destacar que enquanto os Bantu foram fixados mais nas atividades agrícolas e auríferas, povoando principalmente as regiões de Minas Gerais, Rio de Janeiro, São Paulo, e áreas do interior do Norte e Nordeste, os Sudaneses foram mais fixados nas cidades, destacando-se Salvador, Recife, São Luiz e ainda Porto Alegre e Rio de Janeiro.

O ponto central de reagrupamento dos africanos e seus descendentes no Brasil foi a religião, caracterizada pelas bem organizadas comunidades religiosas que reestabeleceram as diversas hierarquias sociais e as formas de relações sociais características do processo cultural e civilizatório negro. Ao nível civilizatório, podemos aproximar características básicas comuns presentes na religião negra que assim como na África permanecem no Brasil. Honorat Aguessy estabelece alguns desses pontos em relação à África:

- A unidade, a comunidade e a hierarquia das ordens e seres do universo.
- A ligação solidária entre os ancestrais e seus descendentes.
- A "representificação" dos ancestrais de grandes méritos.
- O vínculo indissolúvel entre o visível e o invisível e, mais especificamente, entre os mortos, os espíritos e os vivos.
- A importância primordial do ato de viver.

Aguessy estabelece ainda dois aspectos rituais comuns que é importante mencionar:

> [...] Elas [as religiões africanas] realizam este fim ajudando a desenvolver a força ou o poder que todo ser recebe em si, e que é possível captar graças ao ensinamento insubstituível da iniciação aprofundada. Esta força deve ser mantida, segundo um ritmo apropriado, pelos ritos, oferendas e sacrifícios. É este o preço do "bem viver" do grupo e do indivíduo. (26)

Outro ponto comum, destacado por inúmeros especialistas da cultura e da civilização negra é a forma de comunicação oral, interdinâmica, interpessoal e intergrupal[1].

RELIGIÃO NEGRA E RELIGIÕES NEGRAS NO BRASIL

Em linhas gerais, as religiões negras no Brasil são assim denominadas e classificadas: o culto Nagô, implantado no Brasil pelos Yorubá e seus descendentes; o culto Jeje, trazido pelos Fon ou Mina; os cultos de procedência Bantos, ou seja, Candomblé Congo, Candomblé Angola, Omoloko, Candomblé de Caboclo, Umbanda, Jarê e outros.

Todos eles cultuam um Deus supremo, ideia infinita do processo da existência, responsável pela criação e recriação dinâmica do universo, onipresente, onipotente, onisciente. Este Deus denomina-se Olorum ou Olodumare nos cultos Nagô, Mawu nos cultos Jeje, Zâmbi ou Zambiapongo nos cultos Banto.

Ao nível das cosmogonias, sobressai em importância ou dimensão a do culto Nagô, que está mais ou menos presente nos demais, embora existam diferenças e variáveis simbólicas e rituais na forma como são cultuadas as forças cósmicas do universo, os orixá, entre os cultos que não herdaram diretamente da África esta tradição.

Os diversos grupos Yorubá na África se reconhecem, como se referem Juana Elbein dos Santos e Deoscoredes M. dos Santos (28)

> [...] originários do mesmo lugar mítico, llé Ifé, berço e matriz de onde se propagam sobre o território de Benim até Atakpamé (no atual Togo). No Brasil, os diversos grupos consideram-se descendentes e filhos de Oduduwa, primeiro ancestre, entidade mítica que todas as nações Yoruba reconhecem.

No Brasil, os Yoruba tomaram o nome *de Nagô,* termo aplicado pela administração francesa no período colonial e, como referem os autores acima citados, que era não só aplicado aos Nagô propriamente ditos, mas a todos os povos dos reinos vizinhos.

A proximidade dos Yoruba com os Fon caracterizou no Brasil um complexo cultural conhecido como *Jeje-nagô*. Os Fon possuem características culturais bem próximas da cultura Jeje no Brasil.[2]

---

[1] A propósito do significado da comunicação predominantemente oral da cultura e religião nagô, veja Juana Elbein Santos (27).

[2] A propósito do culto jeje no Brasil, veja Nunes Pereira (31).

Intercâmbios culturais e religiosos são comuns na África e no Brasil, todavia as denominadas casas de culto tradicionais tendem a manter com uma dinâmica própria os sistemas simbólicos e os rituais herdados. Neste caso, estão o Ilé-Iyá-Nasô e as duas casas diretamente dela derivadas: o Ilé Oxóssi e o llé Axé Opô Afonjá. O Ilé-Iya-Nasó foi fundado por sacerdotisas africanas de alta hierarquia: Iyalode Erelú, Axipá Borogun Elése Kan Gongo Obatosi e Iyá-Nasó Oyo Akala Magbo Olodumare Axe Da Ade Ta. Como informam ainda Juana E. dos Santos e Deoscoredes M. dos Santos, uma delas descendente de Ketu era a "suprema guardiã do culto de Xangô Afonjá, orixá da casa dos Alafin, reis de Oyó.

> Com a fundação do Ilê-Iya-Nasó, [...] foi implantada publicamente, em plena Bahia, a tradição de Oyó e Ketú. Esta foi a primeira casa de culto público que reagrupou quase todas as personalidades do mundo nagô e onde os terreiros Ketú representam um papel preponderante. (29)

As três casas tradicionais nagô continuam mantendo a herança material e espiritual legada pelos seus fundadores e

> [...] são depositárias de uma religião de que se nutrem, somente na Bahia, cerca de 800 casas de culto, que mais ou menos fielmente continuam a tradição. jeje-nagô. Neste número, estão incluídas as casas onde continuam os traços congo-angolenses. (30)

Convém observar que, tendencialmente, quanto mais próximas e derivadas das casas tradicionais, mais a complexidade do sistema religioso de origem se mantém, apresentando maior integridade e poucos saltos ou lacunas e, portanto, estando ausentes variáveis simbólicas e rituais exógenas ao contexto original.

No sistema nagô, o culto aos ancestrais ocupa importante papel na continuidade dinâmica da tradição. Nas comunidades que cultuam os orixá, os ancestres estão também cultuados em assentamentos próprios, num templo especial denominado *Ilê lbo Aku*. Os ancestres femininos não se caracterizam pela aparição. Consubstanciam-se em pássaros, peixes, ratos, morcegos e sereias.

Os ancestres masculinos possuem um culto especial, cujo corpo sacerdotal é constituído apenas por homens. Os ancestres masculinos são denominados Egungun. No sistema teogônico nagô não pode haver orixá sem os ancestres e vice versa. A leitura do *itan* (história) Atorum d'Orum Exú, do *odu* OgbeHunle exposto por Juana E. dos

Santos[3] pode ilustrar esse fundamento. Este *itan* narra o aparecimento do Exu *agba,* o Exu ancestre, que é o pai ancestre, mas também filho,– o primeiro nascido. Depois das diversas peripécias que acompanham o seu nascimento, e que se caracterizam pelo fato da voracidade de Exu Yangi ameaçar a existência, surpreendido pela reação de seu pai Orunmilá, acaba por encontrar uma solução de equilíbrio através da restituição. A nós interessa aqui destacar que, de acordo com o pacto de Yangi com Orunmílá, ele delega à humanidade a possibilidade dessa restituição.

1 - Orunrnilá Kimaa Ke si oun
2 - Bi o bá féé gba gbogbo awon nkan
3 - Bi eran ti eye
4 - Ti oun je ti aiyé
5 - Pe oun o maa eran an lowo
6 - Lati gba padá fun lati owo orno araiye

1 - Orunrnila deveria chamá-lo
2 - Se ele quisesse recuperar a todos e
3 - Cada um dos animais, das aves
4 - Que ele tinha comido sobre a terra
5 - Ele (Exu) os assistiria para
6 - Reavê-los das mãos da humanidade. (32)

Ressaltamos então que cabe à humanidade a restituição do *axé,* da força vital[4], que torna possível a existência. Exu Yangi, enquanto protomatéria do universo, povoou todos os espaços, conforme narra o *itan,* assiste à humanidade para a restituição do *axé,* da força que sustenta e dinamiza a existência. Não pode existir *ara aiye,* a humanidade, sem os *ara orum,* os ancestres. Daí a grande importância do culto dos ancestres que complementam e possibilitam o desenvolvimento do culto dos orixá, e *vice-versa.* A ideia de complementação é uma das características fundamentais do complexo cultural nagô.

O culto dos Egungun, dos ancestres masculinos, é parte fundamental do sistema religioso nagô. No Brasil, a tradição maior dos cultos aos Egungun localiza-se no Ilê Axipa em Salvador e na ilha de Itaparica,

---

[3] O *itan,* Atorun d'orun Exú está narrado em *Os nagô e a morte* (33)

[4] Sobre o conceito de *axé,* veja Santos (34).

onde o Ilê Agboula concentra ancestres de diversas linhagens importantes, ancestres patronos de cidades, territórios, nação e da própria humanidade, como é o caso de Baba Olokotun, Olori Egun, cabeça dos ancestres, responsáveis primordial pela contínua renovação e expansão da humanidade e da existência.

Além de sua importantíssima dimensão teológica, o culto Egungun é depositário da memória e da tradição nagô, e caracteriza-se também por seu importante papel de regulador das ações sociais compatíveis com os valores civilizatórios e culturais e, deste modo, ocupa um lugar central nas referências de comportamento das comunidades.

Nos cultos de origem banto, especificamente na Umbanda, há diferenças e variáveis fundamentais entre seu culto de ancestres e o culto dos Egungun do complexo religioso nagô. Enquanto no culto dos Egungun não existe incorporação ou manifestação – pois o Egungun se faz ritualmente presente através de sua aparição –, no culto de Umbanda aos pretos-velhos e caboclos há manifestação ou incorporação do espírito ou ancestre pelas sacerdotisas e sacerdotes.

Além disso, enquanto o culto aos Egungun contém a presença de uma história precisa em suas referências, no culto aos ancestres da Umbanda essas referências apresentam-se mais ou menos genéricas e apagadas, apontando para uma origem étnica genérica ou ainda de nação, como, por exemplo, ilustra o nome das entidades, Pai Joaquim de Angola, vovó Maria Conga, Vovó Cabinda etc. É claro que, além desses aspectos, a complexidade dos preceitos rituais capazes de manter a relação constante e integrada com o sagrado difere em sem número de aspectos. Assim como as formas de expressão ritual se apresentam com relevantes e acentuadas diferenças, do mesmo modo os processos de iniciação.

Todavia, apesar das destacadas diferenças, invariantes estruturais permitem que se possa falar em religião negra.

Religiões negras, se dermos relevo às variáveis, religião negra, se ressaltarmos as invariantes.

CONSIDERAÇÕES ACERCA DA UMBANDA

Para a compreensão da religião de Umbanda, que possui uma maior expressão no Rio de Janeiro e dali se irradia e se faz presente nos Estados de Minas Gerais e São Paulo, seria muito importante a realização de estudos comparados desta religião com a religião dos diversos povos Banto da África que marcaram originariamente no Brasil esta herança religiosa e cultural.

Cremos que o estudo comparado das religiões negro-brasileiras com as religiões negro-africanas permite ao pesquisador uma melhor percepção e compreensão do sistema religioso para o qual está voltado. A simples leitura do artigo de Vincent Mulago (35), como veremos, permite-nos indicar alguns novos subsídios para uma percepção mais adequada da Umbanda.

Antes de entrarmos nestas considerações, todavia, convém mais uma vez deixar claro que este capítulo não tem por finalidade se constituir em nova pesquisa em torno da Umbanda, pretendendo apenas corrigir uma forma de percepção indicada em *O segredo da macumba.*

Em geral, o intelectual *desde fora,* não percebe a significação das formas da resistência sociocultural negro-brasileira. Em *O segredo da macumba* está instalada uma problemática ideológica que dá uma dimensão acentuada das diferenças entre o que convencionei nomear de "Umbanda de Morro" e "Umbanda de Asfalto", As diferenças eram então caracterizadas pela presença dos discursos ideológicos de uma pequena fração de integrantes da Umbanda, participantes da pequena burguesia, que manifestavam nesses discursos os temores de assumir a herança cultural negra. Além de combaterem esses temores, projetando no outro suas próprias ameaças, racionalizavam a situação procurando traduzir o código negro ou reduzi-lo a diversas "teorias", principalmente, as advindas do discurso kardecista. Todavia, encerrava aquele trabalho intuindo que apesar dessas ameaças "Vovó Maria Conga ainda é a Rainha", (36)[5] isto é, a linguagem negra, a estrutura simbólica e ritual negra é que caracteriza a Umbanda.

A presença do discurso kardecista caracteriza nesse contexto uma justificativa, uma defesa (no sentido que a psicanálise aplica a esta palavra) dos "brancos" que aderem à Umbanda, numa situação social onde a introjeção da carga dos "preconceitos raciais" e culturais ainda pesa hoje sobre o negro e sua cultura.

Uma vez instalada a nível acadêmico, essa problemática provocou o interesse de inúmeros ideólogos, que, sem viverem a experiência das comunidades negras, minimizaram seu poder de resistência, e,

[5] Atualmente faço restrições ao uso do advérbio "ainda".

baseando-se nas publicações de determinadas Federações e Confederações Umbandistas controladas por dirigentes pequeno-burgueses, arvoraram-se em anunciar *A morte branca do feiticeiro negro*[6]

Por estas razões volto ao tema para indicar novos subsídios para uma percepção mais acurada da religião de Umbanda.

Caracterizam a religião de Umbanda aspectos teológicos e metafísicos similares às religiões banto da África:

1. Culto a uma entidade suprema, ideia infinita de Deus, Zambi ou Zambiapongo, cujo nome é o mesmo da entidade suprema dos Bakongo, Nzambi ou Nzambi mpungu.
2. Crença na existência de dois mundos, o visível e o invisível.
3. Crença numa interação entre esses dois mundos e, como se refere V. Mulago (38), em relação às religiões banto "a transcendência do mundo invisível não entrava sua imanência".
4. Assim como na África, a crença no caráter comunitário e hierárquico desses dois mundos.

Caracteriza a religião de Umbanda ao nível de seu sistema teogônico:

1. Existência de forças cósmicas que sustentam e dinamizam a existência do universo, através da adoção e adoração das entidades do panteão nagô, sobressaindo-se os seguintes orixá: Oxalá, Nanã, Yemanjá, Oxum, Exu, Ogum, Obaluaiê, Xangô, Oxossi e Yansã.
2. A existência do espírito dos ancestres, que por seus méritos em vida, ou representando a nação, ou os fundadores de um território, são cultuados e invocados, intervindo no mundo dos vivos, proporcionando a expansão.
3. A existência de diversas qualidades de espíritos que são capazes de atuar no mundo dos vivos.
4. A possibilidade de estabelecer, através da ação ritual, de conhecimento dos preceitos e oferendas, relações com o mundo dos invisíveis, proporcionando sua atuação no mundo dos vivos.

Caracteriza a religião de Umbanda ao nível de seu sistema ritual:

1. A invocação e o culto das forças cósmicas que regem as leis do universo, predominantemente através da mediação de Exu, orixá originário do panteão nagô.

---

[6] Título do livro de Renato Ortiz (37).

2. A invocação e culto dos ancestres através da manifestação principalmente dos pretos velhos e ainda dos caboclos.

3. Processo iniciático de "desenvolvimento" e estruturação hierárquica.

4. Transmissão do conhecimento através da interdinâmica pessoal ou intergrupal que caracteriza as culturas predominantemente "orais".

5. O uso de processos rituais de revelação do destino e das oferendas.

Tanto na África como no Brasil, quase todos esses níveis de caracterização estão presentes. Outro aspecto comum é a maneira de perceber que o que acontece de extraordinário na vida pessoal ou grupal está relacionado com as atuações do mundo invisível.

Na Umbanda, é atribuída aos sacerdotes de Quimbanda a capacidade de fechamento dos caminhos do destino de pessoas ou grupos e de abri-los para a atuação dos "espíritos malignos". Já os sacerdotes da Umbanda procuram propiciar o desenvolvimento do destino e fechar esses caminhos aos "espíritos malignos". Do mesmo modo que na África banto, existe a diferença entre aqueles praticantes dos preceitos capazes de provocar a cura e os que praticam a arte de lançar ou provocar a má sorte. Entre os Bashi, refere-se Vincent Mulago, a divisão se estabelece entre os Abafamu e os Abalozi. Entre os Banyaruanda, os médicos-curadores são conhecidos como os Bafumu, os lançadores de má sorte os Abatezi. Citando Colle, Mulago assim se refere (39): "[...] por toda parte reside uma força útil ou nociva que os homens podem captar se eles conhecem o segredo".

Convém aqui, todavia, assinalar, como bem observou Juana Elbein dos Santos, que na cultura negra conceitos de bem ou mal são eminentemente contextuais e dinâmicos, não se caracterizando como categorias éticas prescritivas ou maniqueístas congeladas. No caso da conjuntura histórica brasileira, nota-se que os terreiros que sofrem maior carga de opressão da sociedade oficial são qualificados de modo geral de quimbandeiros. Isto porque se distanciam dos modelos da religião e de linguagem oficial, considerados, portanto, como praticantes do "mal", enquanto os mais superficialmente próximos da linguagem e do modelo religioso oficial são considerados praticantes do "bem". Não há dúvida que a classificação Umbanda e Quimbanda no Brasil está sobredeterminada pelo ritmo do processo de luta sociocultural que caracteriza as relações interétnicas nesta conjuntura histórica.

DIMENSÃO DOS ANCESTRES

Já nos referimos à importância que o culto dos ancestres possui na religião negra. Tanto na África quanto no Brasil, o ancestre é o fundador, o iniciador de uma família, o fundador de um território, o fundador de uma nação. Como tal, ele é cultuado pela família, pela vizinhança que se estabelece nesse território, pela nação que surge desta expansão, segundo seja então a dimensão do ancestre.

Na Umbanda, essas características são mantidas através do culto aos pretos velhos e aos caboclos.

Já nos referimos à significação dos pretos velhos. Nos ritos de caboclo, refere-se Juana Elbein dos Santos (40):

> Não se veneram as divindades dos panteões indígenas brasileiros, mas os espíritos individuais ou coletivos de diversas tribos, em particular daqueles em cujas terras foram estabelecidos os negros. Trata-se, em realidade, de um culto aos antepassados autóctones, à maneira africana bantu, e em muitos deles, sucessivamente ou em dias alternados, são cultuados os pretos velhos, espíritos dos antigos escravos, primeiros ancestrais negros em terra americana que se somaram aos espíritos aborígenes a quem reconhecem direitos prioritários. Esta identificação não pode ser encontrada pelo descendente de africano no branco, estrangeiro e conquistador; senão no índio, como já assinalamos, ancestral natural destas terras.

Na África o culto aos ancestrais está vinculado, portanto, à fundação de um território, à coesão, organização e expansão da família, da sociedade e da nação. No Brasil, a família extensiva africana, de um modo geral, deu lugar às irmandades religiosas, onde a referência à nação dos ancestrais congrega os fiéis e adeptos da seita, propiciando fortes vínculos sociais, substituindo a referência parental. Todavia, convém ressaltar que muitos terreiros são fundados por dignitários cujas famílias reúnem aos vínculos da irmandade religiosa os vínculos parentais.

CONSIDERAÇÕES A RESPEITO DA NOÇÃO DE "SINCRETISMO"

É conhecido de todos que a repressão que se abatia sobre o negro e sua cultura no Brasil gerou o processo de associações simbólicas chamado de "fenômeno do sincretismo" pelas ideologias religiosas oficiais. Esse processo se caracteriza pelo fato de que, para superarem a repressão religiosa e a opressão catequética, foram os diversos cultos negros introduzindo imagens de santos católicos capazes de fazer passar aos repressores que era o culto a estes santos que ali se processava.

Por detrás desta aparência, o negro manteve, implantou e dinamizou nas Américas sua religião.

Estas associações simbólicas assim se caracterizam, por exemplo: a imagem de São Jerônimo representa um legislador ou juiz assentado numa pedra com um leão ao lado. Essa imagem então ficou associada a Xangô, orixá do equilíbrio político, da organização social, rei, legislador e juiz. As pedras do raio estão relacionadas ao culto de Xangô, seu assentamento é ocupado por pedras. O leão é símbolo de realeza. Dessas relações, nasce a associação. São Jerônimo é o Xangô dos brancos. Do mesmo modo, a imagem de São Jorge associa-se a Oxossi na Bahia e a Ogum no Rio de Janeiro. No primeiro caso, a imagem de São Jorge matando a fera relaciona a ideia de caçador que caracteriza Oxossi, e também o fato de estar a cavalo, que caracteriza os batedores, fundadores de territórios ligados a Oxossi na África. Já por seu aspecto de guerreiro e sua armadura de metal, relacionam-no com Ogum, guerreiro e ferreiro, e também caçador, conhecedor dos segredos da floresta, da transformação do minério em metal. Da mesma forma, as diversas imagens da Virgem Maria, Nossa Senhora, que caracterizam a ideia de maternidade, associam-nas aos orixá detentores do princípio feminino da existência, do poder da gestação, da maternidade, Iemanjá, Oxum, e assim por diante.

Enfim, com esses exemplos, julgamos ter esclarecido que ao nível simbólico, as imagens católicas constituem-se em simples variáveis conjunturais que em nada alteram a estrutura simbólica sincrônica negra.

Referimo-nos aos orixá do panteão nagô por serem estes os mais difundidos no Brasil.

Se ainda passarmos do nível simbólico da cosmogonia negra para a dinâmica ritual, veremos que mais ainda se ressalta a inexistência de fusão ou “sincretismo”, pois a iniciação, a manifestação, as oferendas, as dramatizações, as formas de organização, as hierarquias, as ocupação de espaços, as arquitetura etc., em nada se aproximam do ritual católico.

Em 1975, Peter Fry anunciou que os significados dos símbolos utilizados pela Umbanda em Campinas, São Paulo, não permitiam que se pudesse mais falar em culto afro-brasileiro, sendo esta denominação simples rotulação. Para tanto, exemplificava que durante suas pesquisas, um dos integrantes de um daqueles *centros* de Umbanda teria declarado que "[...] Ogum era São Jorge da Inglaterra [...]"[7]

Ora, assumir como percepção científica as referências mais aparentes do culto é manter-se fixado no que o negro provocou para que os "brancos" vissem, como se diz por aí, "para inglês ver".

IMPORTÂNCIA DA RELIGIÃO NEGRA

Como mostramos, a religião ocupa o lugar mais relevante no processo civilizatório e cultural negro. Em relação ao processo civilizatório, a religião é fonte e guardiã dos valores espirituais, da visão do mundo que proporciona e impulsiona a vontade de viver. A religião negra é depositária dos profundos conhecimentos das leis e das forças que regem o universo e de como bem utilizá-las, possibilitando a continuidade e a expansão da vida. Em relação ao processo cultural, a religião é fonte e dinamizadora de um *ethos,* indicadora de comportamentos, hábitos, enfim de uma maneira negra de ser. Ela estabelece e proporciona uma ética própria. Imprime formas de relações sociais, estipulando formas próprias de organização e hierarquias, estimula a vida comunal. Estabelece padrões estéticos próprios e formas específicas de comunicação e de acesso ao riquíssimo sistema simbólico, pleno de conhecimentos e sabedorias, caracterizando uma pedagogia negra iniciática.

Através da religião, o negro mantém íntegra sua personalidade frente às mais adversas situações, mormente nas conjunturas históricas em que viveu e vive grande parcela da população negra, qual seja, em meio às formações coloniais escravagistas ou neocoloniais.

A religião negra constitui-se assim num ponto de resistência de luta do homem negro em busca de sua libertação e de real e universal integração.

Na conclusão de seu artigo, Vincent Mulago (41) assim se refere à importância da religião negro-africana.

> [...] A Religião impregna toda a vida do africano: sua vida individual, familiar, socio-política. Ela tem uma função psicológica e social de integração e de equilíbrio; ela permite compreender, valorizar, integrar,

[7] No boletim n. 3/4 -,*Sarepegbé,* SECNEB - Salvador, 1975, encontra-se na p. 41 um resumo-sumário da participação de Peter Fry no Encontro de Pesquisadores de Cultura Negra no Brasil, organizado pelo Centro de Estudos Afro-Asiático da Universidade Cândido Mendes - 1975.

suportar sua condição existencial, submeter sua angústia. É graças à religião que se opera a abolição da dualidade entre o mundo visível e invisível para tender à unificação.

Na diáspora negra das Américas, a religião continua a ter essa mesma significação. Através de um processo dinâmico de resistência adaptação, continuidade na descontinuidade, as comunidades religiosas constituem-se em instituições irradiadoras do processo civilizatório e sociocultural negro.

A FAVOR DE EGUN, OMO BIBI, A ANCESTRALIDADE NAGÔ

Sempre nas segundas-feira de carnaval, Mestre Didi e um grupo de amigos da comunidade Ilê Asipá se reúnem no Pelourinho. Nesse carnaval, um menino aproximou-se da nossa mesa no Centro Histórico e ofereceu a Wellington, Ojé Labi, uma pulseirinha dizendo que era o "contra-egun". Foi aí que ele respondeu:

– Mas eu sou a favor de Egun!

****

Na tradição afro-brasileira de origem nagô, *omo bibi*, quer dizer, bem nascido, isto é, aquela pessoa que vem a esse mundo para dar continuidade a expansão de uma linhagem, de uma família considerada muito antiga, receptáculo de tesouros de valores espirituais e experiências históricas de grande valor para a "comunalidade". Os valores espirituais estão expressos pela continuidade e expansão das instituições religiosas, de um lado, o culto aos orixá, forças cósmicas que constituem o universo, princípios da natureza, e de outro, o culto aos ancestres e ancestrais, como aos Esa, espíritos das pessoas que se destacaram naquela tradição religiosa, ou aos Babá Egun, espíritos dos ojé, sacerdotes que se destacaram no culto aos ancestres masculinos.

A religião procura de um lado, a harmonia com as forças da natureza, e de outro, homenagear a continuidade da espécie humana valorizando e glorificando a ancestralidade, pois é a humanidade a responsável pelo atributo da continuidade dos ciclos existenciais através das obrigações rituais.

A ancestralidade aqui glorificada tem haver concretamente com a dedicação daqueles que em vida se destacaram nas ações de manutenção, preservação e expansão dos legados espirituais que receberam de gerações passadas.

A preeminência do culto aos ancestres no sistema teológico está caracterizada pela elaboração dos nascimentos, pois se não fosse à ininterrupta corrente ancestral não haveria a humanidade presente e o mundo não existiria sem a renovação de axé.

A renovação de axé, que dinamiza o ciclo vital é realizada pela religião, pelas oferendas "restituintes", constituídas pela prática litúrgica, que procura controlar a anomia, a tendência ao caos.

Essa elaboração está expressa em toda a sua dimensão filosófico-teogônica no itan, na história Atorun d 'orun Esu, do Odú Ogbé-Hunle, narrado no livro *Os nagô e a morte* de Juana Elbein dos Santos.

A história termina num acordo entre Orunmilá e Esu, que garante a continuidade da existência:

1. Orunmilá ki o maa késí oun
2. bi Ó báfee gba gbogbo àwon nkan
3. bi eran ati eye
4. ti oun jé ti àiyé
5. pé óun ó máà ràn án e ówó
6. lati gbà padà fún lati owo àwon Omo aràyé

1. Orunmilá deveria chamá-lo
2. Se ele queria recuperar a todos e
3. Cada um dos animais e aves
4. Que ele tinha comido sobre a Terra;
5. Ele, (Esú) os assistiria para
6. Reavê-los das mãos da humanidade. (42)

Através da liturgia, homenageia-se a continuidade da espécie humana, valorizando e glorificando a ancestralidade que garante então a busca de harmonia com as forças da natureza para que esse mundo não se acabe.

Iya mi Asese
Baba mi Asese
Olorun mi Asese
Kintoo bo orisa
Mo juba Gbogbo asese tinu ara

Mãe é minha origem
Meu pai é minha origem

Olorun é minha origem
Antes de adorar os orixá
Eu saúdo e honro todos da minha origem contidos em nosso corpo comunitário. (43)

Portanto, um omo bibi já nasce com uma grande responsabilidade, isto é, de receber o legado de sua linhagem que é o de ser uma cidadela inexorável da memória civilizatória ancestral que garante, protege, alimenta e fortalece uma vasta "comunalidade".

É a memória civilizatória ancestral que enche de orgulho e estrutura as identidades marcantes dos integrantes da "comunalidade", invocando a iniciação pelos seus mais antigos como atestado do valor de seus oruko, nomes, e ijoyê, títulos e cargos sacerdotais.

No que se refere ao culto de Baba Egun, é o princípio masculino da ancestralidade humana sua sociabilidade específica que é dinamizada pela liturgia.

Dizem as histórias da tradição, que Egun "roubou" a roupa de Xangô, orixá da justiça e da política, isto é, da força que impulsiona a humanidade a viver em sociedade.

Xangô é rei, o poder de proteger o egbé, a "polis", de propiciar a expansão dos filhos, sangue circulante, axé vermelho, vida no aiyê, nesse mundo, pulsão de sociabilidade baseado no desafio, na luta, no esforço pelo equilíbrio das tensões e das paixões oriundas da diversidade dos seres humanos, sabedoria política acumulada historicamente, gravada nos códigos e repertórios das tradições.

Nas cores de Xangô também está presente o branco, existência genérica, os ara orun, seres do além; o mistério que contém o segredo da ancestralidade que garante a sucessão das linhagens em um dinamismo cíclico de gerações, ciclo vital. O ser é, o não ser também é. Baba egun, liturgicamente, se apresenta através da aparição do opa da roupa paramento do axó odara, do belo traje dos Egun Agba, dos ancestrais mais antigos cultuados pelas famílias da comunidade, desde a África até o Brasil.

Princípio e poder masculino de ancestralidade, constituidores de famílias, com muitos filhos gerados que cultuam e homenageiam sua memória, o Baba Egun se caracteriza pela simbologia do abala, tira de pano que constituem o seu paramento ritual, sua roupa que possui idan, força espiritual extraordinária.

Também presente na roupa de Xangô os abala, são tiras de pano que se desprendem no movimento de gestos e dança das entidades. Além do abala, representando simbolicamente o poder de Egun, linhagens, famílias, filhos em sucessiva expansão, o banté, é outra peça de destaque, de forma estreita e retangular, adornado de búzios, contas espelhos com desenhos variados, ele individualiza o Egun, e se apresenta na parte da frente do opa e é constantemente manejado pelo Baba como instrumento para distribuir seu axé, sua força espiritual entre seus adoradores.

Uma cantiga se refere ao valor do mistério e o segredo que está expresso nas roupas de Baba.

1. Gege oro aso Ia ri
2. L,a ri,la ri
3. Gege oró aso lè mon
4. A ko mò Baba

1. De acordo com os ritos, os panos (são o que) vemos
2. (O que) vemos, (o que) vemos
3.De acordo com os ritos, tiras de pano são o que vemos
4. Não sabemos, pai.

O poder dos ancestres e ancestrais são pilares da hierarquia e do valor da antiguidade que constitui o âmago do equilíbrio entre os lugares institucionais da ordem comunitária.

Mais próximo aos Egun Agbá, os Egun mais antigos, está o Alapini, ipekun ojé, o sacerdote supremo, que na origem é considerado integrante do Oyó Mesi, o Conselho do Alaafin, rei de Oyó, capital do império nagô.

No Brasil, o atual Alapini é o Sr. Deoscoredes M. dos Santos, o conhecido Mestre Didi, um omo bibi descendente da tradicional linhagem Asipá, leia-se Axipá, uma das sete famílias fundadoras do reino de Ketú.

No Ilê Asipá, terreiro fundado por Mestre Didi, se reúne o legado, além dos Asipá, de outras duas tradicionais linhagens africanas na Bahia a de Marcos, o Velho Pimentel, que trouxe o Baba Olokotun, olori egun, o mais antigo, o cabeça dos Egun da África para a Bahia e a de Miguel Sant' Anna que além de Ojé agba, foi sacerdote mais alto do culto Gunocô, que reunia os adoradores da entidade Idakô da nação Tapa ou Nupe.

Tantos valores, tantas histórias, tantas vidas, que a honorável e memorável presença do Baba Agba concretiza, que jamais poderemos em papel com tinta expressar toda nossa emoção e alegria.

Ao se despedir das comemorações litúrgicas, Baba invoca uma cantiga:

1. O seré mo nlo o
2. Omodé ko(i) re yin àgba
1. Divirti-me, comemorando, vou partir
2. Que o infortúnio não recaia sobre vós, meus filhos; que possais todos chegar à velhice. (44)

Deste modo, na tradição de culto aos Egungun, celebra-se a vida, ainda mais porque a vida e a morte "é um acontecimento que flui ininterruptamente. *Okan naa ni*, ambas são idênticas." (45)

DIREITO À ANCESTRALIDADE AFRO-BAIANA

O direito de uns acaba onde começa o direito de outros.
Regra de convivência jurídica fundamental.

Nos 459 anos de Salvador, a cena absurda acontece; a ação de um trator da prefeitura, movido pela ganância urbana, invade o espaço sagrado de uma casa de culto da religião afro-brasileira, destrói altares e mais o que há pela frente...

É uma ofensa incomensurável que atinge também o próprio direito constitucional que o Estado deveria ser o primeiro a defender.

Foi um governador da Bahia quem sentenciou: "– pense num absurdo, na Bahia tem precedente [...]"

Ele mesmo, Octávio Mangabeira, cometeu um (absurdo) famoso, pra todo mundo ver e a imprensa registrar, beijou a mão do General Einsenhower, nos meados do século passado, no contexto da II Guerra Mundial quando os EUA, esta nação originária da imigração dos protestantes da Inglaterra, saíram vencedores, emergindo como potência mundial.

Na Bahia, eles instalaram a base aérea nos arredores de Santo Amaro do Ipitanga, depois é que veio a "placa Ford" em Piatã.

Mais que um absurdo, foi um sinal. O Brasil não se alinharia apenas militarmente, mas também economicamente, politicamente e, sobretudo, ideologicamente. Novos valores e linguagens se estabelecem, moldando instituições, criando necessidades com o beneplácito da política do "progresso". É a difusão do *american way of life*

A expansão mercadológica vem mudando aceleradamente as características urbanas da cidade de Salvador e seus arredores alterando também hábitos e comportamentos. Automóveis e suas vias, shoppings, altos prédios de escritórios e de moradias com piscinas, vêm moldando novas paisagens, um mundo de máquinas de comunicação virtual e outras, constituem a afamada "globalização".

Noutro dia, numa entrevista na TV, do alto de um prédio na varanda de um hotel de luxo, a toda poderosa Secretária de Estado, Condolesa Rice, em visita a Bahia observa ao longe o panorama de arranha-céus que já vem constituindo o perfil da capital.

Em sua saudação à ilustre visitante, o governador declara o desejo de quando inaugurar a linha aérea direta dos EUA para cá, ele gostaria de fazer o primeiro voo em companhia da Secretária de Estado.

Os arranha-céus constituem uma arquitetura desdobrada de uma cultura religiosa cuja visão de mundo localiza o paraíso no espaço celeste. Nesse contexto, os templos realizam essa ideia do sagrado celestial, tanto em estilo barroco, góticos ou outros. Podemos exemplificar com o magnífico Vaticano, com a altura de sua abóbada, e ainda com a famosa pintura de Michelangelo da figuração do Deus celestial – a criação de Adão – no teto da Capela Sistina .

Nos colégios onde estudei, diziam os professores, que os EUA eram o país mais evoluído do mundo, bastava ver a altura do Empire State, prédio mais alto que os monumentos da torre Eiffel e que do Big Ben. Depois é que vieram as Torres Gêmeas.

Por outro lado, na tradição religiosa africana nagô, por exemplo, o orun, o além, possui nove espaços e o sagrado está também no interior da terra, para onde iremos um dia, e de onde evocamos e adoramos os ancestrais.

O sagrado está caracterizado pela categoria religiosa de axé. O axé é composto de determinadas substâncias que manifesta a relação do orun com o aiyê, este mundo.

Sacerdotes e sacerdotisas são preparados para lidar com essa força sagrada e delinear sentido para ajudar a promover o equilíbrio do mundo superando o caos e a anomia.

Determinada qualidade de força sagrada, axé, pode então ser concentrado em determinado ser, um local, um objeto, um instrumento, uma pessoa etc.

O que chamamos tradição, além da linguagem que envolve e expressa o sagrado, valores éticos, estética, e acervo de conhecimentos, é uma corrente histórica de transmissão de axé por gerações. Comunidades são constituídas por vinculações societárias em torno da preservação e expansão de axé. A tradição afro-brasileira se caracteriza pelo culto aos ancestres e ancestrais, e às forças cósmicas que governam o universo. Nós, seres humanos, somos compostos por todos os princípios naturais.

Ilê Axé é o nome das casas da tradição nagô, literalmente casa de axé. Cada ilê axé possui a sua história, de sua fundação, seus ancestrais, seus fundadores, de seus integrantes que reforçam o axé da comunidade a cada rito, a cada liturgia.

São essas casas que concentram através de nossa história a referência identitária das "nações"; Ketu-nagô, Jeje, Congo, Angola, Caboclo etc. Elas constituem a raiz de nossa cultura afro-baiana, são elas que singularizam a identidade profunda da grande parcela de nossa população e alimenta o imaginário da Bahia concentrado no ícone representativo da "baiana".

Talvez seja por essas e outras razões que o legislador brasileiro e, especificamente, o da Bahia gravou na carta magna, na lei maior, a constituição do Estado, direitos e normas absolutamente invioláveis, conforme consta na publicação da UNEB, SEMENTES, *Caderno de Pesquisa*, v. 4, n. 6/7, 2003.

> CONSTITUIÇÃO DA BAHIA
> CapítuloXV
> Da Cultura
> Art.275- É dever do Estado preservar e garantir a integridade, a respeitabilidade e a permanência dos valores da religião afro-brasileira e especialmente:
> I – inventariar, restaurar e proteger os documentos, obras e outros bens de valor artístico e cultural, os monumentos, mananciais, flora e sítios arqueológicos vinculados à religião afro-brasileira, cuja identificação caberá aos terreiros e à Federação do Culto Afro-Brasileiro;
> II – proibir aos órgãos encarregados da promoção turística, vinculados ao Estado, a exposição, exploração comercial, veiculação, titulação procedimento prejudicial aos símbolos, expressões, músicas, danças, instrumen-

tos, adereços, vestuário e culinária, estritamente vinculados à religião afro-brasileira;
III – assegurar a participação proporcional de representantes da religião afro-brasileira, ao lado da representação das demais religiões, em comissões, conselhos e órgãos que venham a ser criados, bem como em eventos e promoções de caráter religioso;
IV – promover a adequação dos programas de ensino das disciplinas de Geografia, História, Comunicação e Expressão, Estudos Sociais e Educação Artística à realidade histórica afro-brasileira, nos estabelecimentos estaduais de 1º, 2º e 3º graus.

3 de fevereiro de 1999

Essas são algumas das salvaguardas que visam proteger também os princípios constitucionais federais da liberdade religiosa e o princípio ético político de caráter universal que é o do direito a existência própria de todos os povos.

Ancestralidade não se restringe a uma herança genética, mas, sobretudo a um legado, sociocultural e histórico, constituindo um jeito baiano, brasileiro de ser. Os ancestrais cultuados na tradição se referem àqueles e àquelas que se destacaram como dedicados preservadores e mantenedores de linguagens, valores e instituições capazes de expandir o axé constituinte de uma civilização.

CAPÍTULO IV

A LITERATURA NEGRA DE MESTRE DIDI

CONSIDERAÇÕES ACERCA DA "COMUNICAÇÃO ORAL"

O livro *Contos crioulos da Bahia*, de Deoscoredes M. dos Santos (Mestre Didi), (46) acrescenta uma série de narrativas às já publicadas pelo autor e marca, mais uma vez, um espaço genuíno e original no âmbito da literatura brasileira.

Na introdução do livro, (47) Juana E. dos Santos analisa com profundidade os aspectos característicos desta forma de narrativa, conhecida geralmente como "literatura oral". A introdução aponta a insuficiência do conceito de oralidade, se aplicado sem a compreensão das formas simbólicas que caracterizam o processo civilizatório afro-brasileiro e dos meios de comunicação específicos utilizados por elas. Tão específicos são esses meios que a comunicação escrita se torna imprópria à reprodução e recriação do sistema simbólico: "[...] o elemento verbal da história, desprovido de som, de respiração, despojado da relação interpessoal, é apenas sua imagem mumificada". (48) Todavia, acrescenta a autora da introdução:

> [...] esses documentos, registros, permitem aos que por diversos motivos não participam ativamente da cultura informar-se de fontes primárias e tomar consciência da existência de um rico patrimônio que, de uma maneira mais ou menos intensa, constitui uma parte pouco conhecida ou reprimida do próprio conglomerado nacional. (49)

Podemos dizer, então, que o espaço marcado pelos *Contos crioulos da Bahia* na literatura brasileira possui essa característica indicada por Juana E. dos Santos, isto é, uma comunicação das comunidades com e a sociedade global. Nesse sentido, os contos narrados por Mestre Didi adquirem uma forma específica, na medida em que é preservada ao máximo a forma de comunicação originária. Vemos um estilo que se aproxima muito mais da chamada narrativa oral do que da narrativa escrita. A plasticidade das imagens, as analogias, as alegorias, os diálogos dramatizáveis, a maneira negra de falar, o português dos velhos africanos procuram adaptar e ilustrar, no plano do texto, o complexo contexto simbólico nagô.

Em sua genuinidade, os contos são formas específicas de transmissão dos valores sociais, místicos e éticos da tradição nagô, dos mais velhos aos mais jovens.

Eles se caracterizam como um aspecto da pedagogia negra iniciativa, servindo como uma ilustração desta prática pedagógica para as pessoas desvinculadas dela. Assim, os contos revelam um aspecto da maneira negra de ensinar, de transmitir o acervo de sabedoria da cultura. Esta preocupação em caracterizar as formas inatas da maneira de pensar e se comunicar, presente na narrativa de Mestre Didi, nascido, criado e iniciado nas comunidades nagô da Bahia, é que torna a sua literatura original e genuína. Ela destaca-se dos demais gêneros e formas literárias brasileiras, mesmo daqueles que Roger Bastide (50) classificou como afro-brasileiras. Nestas, vemos a estrutura da linguagem literária europeia ser totalmente mantida, apenas variando os conteúdos ideológicos, de acordo com o ritmo dos atritos interétnicos, resultantes das relações sociais de opressão colonial ou pós-colonial. Pouco ou nada é alterado no modelo ocidental do meio de comunicação utilizado, e os valores negros são positivados através das imagens poéticas metafóricas, que apenas enaltecem aspectos de cor e de "raça".

É neste terreno movediço que se movimenta a poesia de Cruz e Souza, caracterizado por Roger Bastide (51) como o mais representativo dos autores literários afro-brasileiros. Seu primeiro movimento é de total identificação com as formas literárias de origem europeia, e mesmo o seu conteúdo simbólico expressa metaforicamente a exaltação da "raça" branca. Posteriormente, a realidade da estratificação social brasileira, associada aos estigmas étnicos, não lhe assegura a realização da representação imaginária da ascensão social individual, que, no caso, seria a ocupação do lugar e a obtenção do *status* de intelectual marcado e sustentado pela cultura oficial. Neste caso limite, o preconceito de cor é a única maneira de expressar a desigualdade proporcionada pelas relações sociais e culturais de tentativas de dominação. Seu segundo movimento então seria invertido, isto é, a exaltação metafórica da "raça" e da cor negra, e ainda da África imaginária e nostálgica. A inversão mantém a estrutura simbólica oficial, pois ele continua a se movimentar nas malhas dos meios de comunicação homólogos se expressando, predominantemente, através da literatura escrita do colonizador, no gênero específico da chamada poesia simbolista.

Convém ressaltar aqui, que o meio de comunicação se articula com todo o complexo estruturado de organização social. No livro *A galáxia de Gutemberg*, M. McLuhan (52) indica que o processo de destribalização é sobredeterminado pela mudança do meio de comunicação predominante. A tipografia, a impressão, a comunicação escrita formam uma homologia com o comportamento adequado às sociedades mercantis, mecanicistas, e individualistas. No âmbito das representações sociais, o sistema simbólico sagrado é substituído pelo profano. O "Estado Razão" substitui a ideia de Deus e exerce a justiça. O cidadão individualmente constituído substitui a coletividade sagrada, a "consciência de sujeito" substitui a noção de destino. Estas características das sociedades individualistas ou destribalizadas, segundo a noção de McLuhan, estão perfeitamente adequadas com o meio de comunicação predominante, ou seja, a escrita alfabética e impressa.

A escrita alfabética impressa constitui a dicotomia dos sentidos, a visão substituindo a tatilidade. A percepção através do olho, ligada à prática de leitura, é valorizada a tal ponto que acompanha a ideologia que dicotomiza o "trabalho manual do trabalho intelectual", separando inexoravelmente o saber do fazer, o pensamento da ação, e, passando a se constituir na problemática tradicional da Filosofia no Ocidente.

Podemos então dizer que a comunicação escrita se articula com o *status* do saber intelectual. Aquele que mais lê será, portanto, o que mais sabe, provando isso na citação do que já leu ou quanto. Esta prática é assegurada e motivada pelo poder de Estado do qual está revestida, isto é, a possibilidade de se comunicar através do meio de comunicação oficial, característicos dos arquivos da "Razão de Estado".

O ler e o escrever constituem-se em ações individuais cíclicas (o indivíduo e o texto) que são homólogas à ideologia do individualismo liberal garantido pela dicotomia entre o que se pensa e o que se faz. A ação de ler e escrever, institucionalmente constituída, caracteriza-se por uma troca de mensagens individuais onde não se exige a presença dos integrantes da comunicação. Não há interdinâmica pessoal ou intergrupal, como no caso da "comunicação oral". Conclui-se que há uma homologia entre a escrita como prática predominante de comunicação e os significados característicos da estrutura simbólica ocidental, isto é, o mito dramático do herói individual presente em todos os gêneros de narrativa.

É claro que seria necessário demonstrar todas as ambivalências desta situação, que não navega em águas tranquilas. A literatura ocidental possui suas crises e angústias, assim como toda a dinâmica social, mas o que importa dizer aqui é que essas coisas são sempre expressas no complexo estrutural característico da articulação do sistema simbólico com o meio de comunicação específico instituído. A instituição do meio de comunicação, sobredeterminado pelo sistema simbólico que representa as relações sociais, caracteriza os próprios limites que promovem e asseguram a organização social das sociedades, especificamente ocidentais, estratificadas e "destribalizadas", para usarmos a linguagem de McLuhan.

Procuramos usar o conceito de sobredeterminação, criado por Freud e adaptado por Althusser, para fugirmos à tentação de cair no problema do ovo e da galinha, isto é, para discordamos da noção mecânica de McLuhan de que "o meio é a mensagem". Ora, desde que o homem nasce é marcado pelo contexto histórico – no âmbito que nos interessa, pelo contexto de articulação da estrutura simbólica sobredeterminada com os meios de comunicação, estrutura articulada e determinada historicamente.

É nesse sentido que estamos plenamente de acordo com Juana E. dos Santos, quando ela critica o conceito de oralidade como insuficiente, se definido apenas no âmbito do meio de comunicação e seus efeitos, sem levar em conta toda a estrutura simbólica que o sobredetermina. Assim, também achamos insuficiente a articulação proposta por McLuhan entre comunicação oral e "tribalização", como resultante mecânica da tatilidade. Como já vimos, a própria maneira do uso do corpo, da mente e das técnicas, é limitada pela articulação da estrutura simbólica com os meios de comunicação. Estes, por sua vez, expressam a forma histórica determinada, pela qual uma sociedade busca representar e instituir a forma de coesão social necessária para a sobrevivência e expansão do grupo como espécie humana.

No Brasil, as comunidades negras caracterizam-se por sua forma própria de buscar a coesão e a expansão social do grupo. A socialização do indivíduo e sua própria existência começam, como em qualquer sociedade, pelo acesso ao simbólico. No caso específico, esse acesso acompanha o ritmo da "adaptação-resistência" das comunidades face à sociedade global. É neste ponto que podemos avaliar a literatura negra de Mestre Didi, por diversas razões distanciadas do modelo literário ocidental, e por outras razões próximas, sendo, portanto bastante pertinente a denominação "contos crioulos".

CONSTITUIÇÃO DE UM GÊNERO LITERÁRIO

Primeiramente, devemos buscar a significação do gênero conto. Na introdução dos *Contos crioulos da Bahia*, (53) Juana E. dos Santos caracteriza sumariamente a complexa sobredeterminação simbólica que sofre a transmissão oral nas comunidades nagô. Os contos são uma forma desta transmissão, combinados com outras formas que caracterizam a chamada "cultura oral". Os textos e os contos "são transmitidos e aprendidos lentamente através da convivência e da iniciação ritualística". Como forma pedagógica específica negra, os textos das comunidades têm uma finalidade e uma função. Citando Houis, Juana E. dos Santos afirma: "antes de serem formas de arte, (os textos) são formas que levam a carga de significar as múltiplas relações do homem com seu meio técnico e ético". Essa, portanto, é uma das características básicas que marcam a distância dos textos narrados por Mestre Didi da literatura ocidental. Eles ilustram uma maneira pela qual os nagô procuram promover a adaptação ou socialização de seus integrantes, através do aspecto pedagógico, assegurando assim uma forma própria de obter a coesão social.

Os contos ilustram o acervo de textos místicos, acontecimentos históricos (inclusive os ocorridos na órbita da sociedade global com seus integrantes) que, marcados por sua intemporalidade narrativa e sua característica fantástica de representações, reforçam e ensinam os padrões e valores indicativos dos comportamentos necessários à coesão do grupo. Os contos narrados ilustram o significado de conhecimento e de moral das diversas representações simbólicas que ensinam e dirigem à socialização. O significado das narrativas de Mestre Didi é patrimônio genuíno da cultura negro-brasileira. O escritor apresenta-se como narrador e porta-voz da comunidade na comunidade e na comunicação com a sociedade global.

Estamos aqui muito longe das angústias expressas pelos denominados poetas afro-brasileiros analisados por Bastide, que lutavam por sua integração individual, a partir da prática literária, nos lugares marcados pela ideologia oficial e, portanto, fragmentando-se na busca de identidade. No caso de Mestre Didi, observamos a integração do autor com sua comunidade. Sua identidade não se fragmenta, pois apenas se utiliza da comunicação literária para transmitir os valores da comunidade àqueles que não convivem diretamente com ela. Os contos, então, não se caracterizam pelos problemas da integração social individual, onde são sublinhados os estigmas de "raça" e de cor, mas sim pela necessidade coletiva de esclarecer os valores civilizatórios de uma importante parcela de população brasileira que luta por se integrar e ser reconhecida pela sociedade global. É este vínculo com a comunidade negra que caracteriza a diferença específica da literatura de Mestre Didi. O significado semântico de sua narrativa é específico da cultura negro-brasileira. E este significado é um aspecto do complexo sistema simbólico que representa as regras de coesão social das comunidades, que estrutura a personalidade de seus integrantes e marca a maneira negro-brasileira de ser.

Todavia, se por um lado os contos mantêm o significado negro, uma vez escritos e impressos, eles fogem à sua articulação significante. É neste ponto que os contos são crioulos, isto é, já não visam somente à reprodução interna do sistema simbólico nagô, senão a sua integração com outro sistema que se comunica basicamente através da escrita. Embora a narrativa possa ser chamada oral, essa oralidade está mumificada, como diz Juana E. dos Santos. Ela não mais exige a presença do outro, a "comunicação interpessoal, interdinâmica e grupal" com suas sobredeterminações simbólicas complexas que caracterizam a troca de mensagens próprias do sistema nagô e permitem sua dinâmica institucional.

Podemos dizer, de acordo com Muniz Sodré, que na literatura de Mestre Didi o significante da diferença literária está ausente. O ausente é o lugar do narrador, do contador de histórias (itans) numa situação de comunicação direta, interdinâmica pessoal, sobredeterminada por todo o contexto simbólico, institucional e ritual específico.

Todavia, é exatamente neste ponto que ressalta a importância do escritor Mestre Didi, pois que seu estilo característico realiza a substituição do significante, combinando-o harmonicamente com o significado da narrativa e, desta forma, instituindo um gênero literário negro-brasileiro. Porém, para se apreender a totalidade da significação, torna-se necessário a aproximação direta, sem a mediação do texto; através da vivência, da interdinâmica pessoal e grupal, que permite sentir a pulsação das comunidades com sua forma própria de existir e de pensar a existência.

O presente livro não cuidará da análise desta significação, posto não ser neste momento a nossa proposição. De qualquer modo, é preciso evidenciar que os contos (itans) articulados com os odus do sistema oracular do ifá ou do eridilogum possuem significado muito preciso e específico no contexto simbólico nagô, sendo complexa sua compreensão. Roger Bastide (54), falando da existência de uma cosmovisão negra e da possibilidade de uma análise simbólica, afirmava:

> Eu mesmo fiz uma primeira tentativa de descrever esta filosofia com relação à epistemologia africana e a estrutura dos processos lógicos do pensamento africano. Claramente, contudo, mesmo quando entrei no candomblé como membro e não apenas como observador, a lei da maturação de segredo, que domina qualquer religião iniciática, ainda me manteria de fora demais, para apenas me permitir apresentar uma certa visão negra do mundo. Somente um sacerdote do culto, bem alto na hierarquia, poderia prover o tipo de texto que esperava. Portanto, dou grande importância ao trabalho de Deoscoredes Maximiliano dos Santos, Ritual e Arte Sacra da África Ocidental no Brasil (1967) e o de sua esposa, Juana E. dos Santos, Os Nagô e a Morte (1972) e os trabalhos em que ambos colaboram, tais como Exu Bara Lároyé. (55)

Fazemos nossas as palavras de Bastide, e acrescentamos que em relação aos estudos e pesquisas da cultura negra no Brasil, a partir dos trabalhos dos autores citados, surge um novo ponto de partida capaz de trazer uma compreensão exata do contexto simbólico e ritual das comunidades negro-brasileiras, especificamente, as que recriam a chamada cultura nagô.

EDUCAÇÃO E PLURICULTURA NACIONAL

Um dos problemas mais graves enfrentados pelos chamados países do Terceiro Mundo e ex-colonizados diz respeito ao sistema de ensino.

O sistema de ensino que foi implantado e desenvolvido nesses países em geral é uma herança do colonialismo e, como tal, se constitui num aparelho ideológico do Estado, voltado para reproduzir e divulgar os valores evolucionistas, etnocêntricos ou eurocêntricos, assim como para atender às necessidades técnicas de uma economia atrelada ao mercado de trocas comerciais neocoloniais.

Nesse sentido, o sistema de ensino se constitui num mecanismo de tentativa de desculturação e, portanto, de despersonalização dos habitantes desses países, caracterizando-se como sério obstáculo para uma verdadeira identidade e profunda independência nacional.

Outro aspecto importante a destacar, é que esses países se constituíram, de modo geral, a partir e em função dos interesses das metrópoles europeias em dividir entre si as áreas territoriais de exploração das riquezas e da força de trabalho na forma específica do modo de produção colonial mercantil e escravagista. Assim sendo, muitos países ex-colonizados ainda lutam para constituir sua nacionalidade, tentando harmonizar as diferenças dos seus diversos povos com os seus respectivos valores culturais.

Nestes casos enquadra-se o Brasil. Seu território foi formado a partir dos interesses colonialistas de divisão de áreas de exploração concretizados inicialmente com o Tratado de Tordesilhas.

O seu povo se constitui de populações originárias basicamente de três continentes: América, África e Europa, que dão continuidade e expandem seus processos civilizatórios característicos. Portanto, a nação brasileira se constitui e se caracteriza pela pluralidade étnica e cultural.

As tentativas colonialistas de desculturação, aculturação e catequese através da história, apesar de todo reforço repressivo e mesmo genocida do sistema oficial, fracassaram. A nacionalidade brasileira se caracteriza pela diversidade e pela pluralidade cultural do seu povo.

No Brasil, todavia, assim como em muitos outros países do "Terceiro Mundo", persiste uma grande distância e mesmo uma grande defasagem entre o Estado e as formas de organização socioculturais e econômicas da grande maioria da população.

O Estado oficial brasileiro nasce da Proclamação da Independência por D. Pedro I, "antes que algum aventureiro lançasse mão", isto é, para que o Brasil, mesmo independente, pudesse continuar restrito ao âmbito das políticas socioculturais e econômicas neocoloniais.

Em verdade, passada à época da influência hegemônica portuguesa nas relações internacionais do Brasil, pouco houve de mudanças no que diz respeito às características do Estado, que continuou preso às influências neocolonialistas.

Assim, o país se caracteriza, de um lado, por uma sociedade oficial assentada no desejo de predominância dos valores civilizatórios europeus e, por outro, de uma sociedade não reconhecida e não legitimada oficialmente, assentada nos valores civilizatórios de origem negro-africana e ameríndia. No que se refere, então, à política educacional e cultural do Estado, o que vemos é a hegemonia quase absoluta dos valores europeus.

Uma das consequências mais graves dessa hegemonia é o índice alarmante de evasão escolar, em média superior a 70% e que, nas regiões Norte e Nordeste do país, alcança mais de 80% no primeiro grau.

Esse quadro caracteriza um sintoma dos obstáculos existentes para o aperfeiçoamento dos mecanismos de mobilidade socioeconômica e fundamentalmente para a realização de uma verdadeira integração nacional.

DIFERENTES FORMAS DE TRANSMISSÃO DO SABER

Enquanto, na cultura europeia, a transmissão do saber se dá através da mediação do texto, isto é, da forma de comunicação escrita, nas culturas negra e ameríndia a transmissão se dá de forma direta, dinâmica, pessoal e ou intergrupal.

Se, nessas culturas, que denominamos de culturas da participação, o tempo de transmissão se caracteriza pela comunicação ligada a uma experiência vivida, aqui e agora, e que culmina nas situações rituais que marcam o fortalecimento da identidade, o lugar e a função do indivíduo na sociedade no ensino oficial, o tempo está demarcado pelo ano letivo, pela impessoalidade das relações do ensino de massa e pela passagem de série através dos exames que têm como referência básica o desenvolvimento do aluno no âmbito da comunicação escrita.

Enquanto nas culturas da participação, as relações de transmissão do saber atualizam as hierarquias sociais que situam os poderes e deveres dos mais velhos em relação aos mais novos e vice-versa, no ensino oficial o que se legitima apenas é o meio de comunicação, a escrita, que cristaliza o poder da razão de Estado.

O exercício da legitimação desse poder culmina na universidade, onde as bibliografias, as citações, principalmente de autores europeus, dão legitimação a "verdades" e resultam em poderes institucionais aos que escrevem dessa forma artigos e teses. Portanto, o que é legitimado, na verdade, é o próprio poder impessoal do Estado através da escrita.

No que se refere à cultura negra, que é predominante na maioria do povo brasileiro, ela se caracteriza por constituir sua visão de mundo através de uma complexa e riquíssima simbologia.

Essa simbologia se apresenta principalmente no âmbito das instituições religiosas, posto que no sistema cultural negro a religião se caracteriza como núcleo central e irradiador de valores civilizatórios.

A linguagem das instituições religiosas constitui-se numa arte sacra negra, que combina, de forma própria, dramatização, dança, música, poemas, código de cores, emblemas, esculturas, vestuário, parafernália que contribui para magnificar o sagrado.

Essa linguagem, que comunica o saber da visão de mundo negra, em muito se diferencia dos elementos de comunicação que caracterizam a transmissão do saber no sistema de ensino oficial.

Nesse sistema, sobressai a nudez da sala de aula com suas carteiras e o quadro negro, onde a palavra escrita e oral é o único elemento simbólico que participa da comunicação.

O professor, individualmente, legitima o poder do Estado e caracteriza-se por ser mero tradutor ou transmissor dos conteúdos dos livros adotados, enfim um mediador da palavra impressa.

DIFERENÇA DOS CONTEÚDOS

Evidentemente que há muita diferença entre os conteúdos que formam a visão de mundo negra e a projeção ideológica neocolonialista da escola oficial, caracterizada especificamente pelo recalcamento da presença dos processos civilizatórios constituintes da nação, elegendo como universal o processo civilizatório europeu.

Assim, é que nos materiais didáticos utilizados não há possibilidade alguma de identificação para a grande maioria das crianças brasileiras. Há uma grande defasagem entre sua realidade nacional, representada como se o país fosse uma nação caracteristicamente europeia, com o predomínio absoluto dos valores estéticos, éticos e científicos do Ocidente. Essa representação, contudo, está em mora com os fatos.

Na realidade, ela é a grande responsável pela evasão escolar, pois a criança não se vê contemplada nesse contexto, nem a sua família, sua religião, sua comunidade, nem sua sociedade.

Para manter, então, sua integridade psicossocial, a criança, sentindo-se rejeitada, evade-se e prefere perder algumas possibilidades de mobilidade social individual, a submeter-se a padrões culturais exógenos ao seu próprio contexto.

Há, todavia, uma pequena minoria que resolve enfrentar essas condições; tornam-se, porém, almas no exílio, acabando por se afastarem da própria família e da comunidade a que pertenciam e carregam consigo a sequela dos complexos advindos de uma identidade fracionada.

SUPERAÇÃO DOS OBSTÁCULOS ETNOCÊNTRICOS NA EDUCAÇÃO

Dentre as tentativas existentes para superar a gravidade da situação enfrentada pela educação no Brasil, no que se refere à sua pluralidade cultural, sobressai o projeto piloto e experiência pioneira da Sociedade de Estudos da Cultura Negra no Brasil (SECNEB) localizada em área do Ilê Axé Opo Afonjá.

O projeto educacional Minicomunidade Obá-Biyí[1] visa harmonizar o fortalecimento da identidade cultural comunitária aos interesses e necessidades de mobilidade econômica e social e de conquista de maiores espaços na sociedade oficial. Em funcionamento desde abril de 1978, o projeto vem alcançando resultados altamente satisfatórios, em que pesem as dificuldades de recursos para sua manutenção.

O projeto, que assiste a cerca de mais de 130 crianças, desde o maternal à alfabetização e desenvolvimento integrado, atendendo até a idade-limite de quatorze anos, caracteriza-se por implantar e desenvolver um currículo pluricultural, baseado nos valores culturais comunitários da tradição dos orixá, constituindo uma nova linguagem pedagógica.

A coordenação do projeto esteve a cargo do grupo de trabalho em educação da SECNEB, constituído por Juana Elbein dos Santos, Regina Helena Gonçalves Pires, Marinalva Cerqueira de Almeida, Deoscoredes Maximiliano dos Santos e eu próprio.

Em linhas gerais, essa nova pedagogia se caracteriza pela escolha de um tema semestral relacionado com o calendário cultural e religioso da comunidade. Embora o projeto não esteja comprometido com nenhuma orientação religiosa, é do universo simbólico específico da comunidade, de seus valores culturais, que são extraídos os diversos temas.

---

[1] O projeto Minicomunidade Oba-Biyí sofreu solução de continuidade em 1986. Em 2.007 foi publicado o livro OBA BIYI, O rei nasce aqui, que narra e documenta a nova pedagogia.

Os temas se constituem de referências aos princípios que regem o universo. De acordo com esses princípios, é selecionado um conto do patrimônio cultural da comunidade que os represente, adaptado pelo grupo de trabalho em texto e em autocoreográfico, constituindo-se no núcleo irradiador das atividades didáticas e criativas. Os contos já presentes na obra literária de Mestre Didi na grande maioria das vezes também por ele adaptados.

Reunido com os funcionários e professores, o grupo de trabalho coordena e acompanha as ações que visam estabelecer a programação semestral. A partir do tema e do conto escolhidos, os integrantes do projeto deverão adaptar os conhecimentos e informações do currículo oficial. No que concerne à forma de comunicação, deverão procurar aproximar-se da pedagogia comunitária, que não se baseia na mediação do texto escrito.

É aí que a montagem do auto coreográfico ganha em significado pedagógico, posto que se baseia nas formas dramáticas e simbólicas comunitárias. A montagem atinge a característica de aprendizagem da comunidade, na qual a relação vivido-concebido se dá aqui e agora; aprende-se vivendo a experiência da montagem.

Assim, a leitura dos textos, desenhos, colagens, esculturas, feitura de figurinos e cenários, compreendendo processos de tintura de tecidos, confecção de roupas, fabricação de instrumentos, aprendizagem de cantigas, danças e músicas polirrítmicas, constituem um processo nuclear das atividades curriculares.

Essas atividades culminam, no encerramento de cada semestre, com o Festival de Arte Integrada Minicomunidade Oba Biyi, quando são convidados os pais e integrantes da comunidade e do bairro adjacente para participarem dos resultados alcançados.

De modo bastante sumário, é este o âmago da proposta de um projeto que já pode oferecer os seguintes resultados, divulgados pelo grupo de trabalho, no Evento SECNEB 83:

> • a Mini Comunidade Oba-Biyi concorre efetivamente para um desenvolvimento harmônico da criança, ao incentivar uma percepção valorizada de seu próprio mundo cultural, que lhe permite colocar-se melhor na escola oficial e na sociedade que a cerca;
>
> • entre as crianças que frequentam ou frequentaram a Minicomunidade, houve sensível diminuição do índice de evasão escolar e melhor aproveitamento da escola pública, tendo alguns jovens ultrapassado a barreira das primeiras séries, cursando agora o segundo grau;

• os jovens maiores de quatorze anos, desejando continuar integrados ao projeto, formaram um grupo de jovens da Oba-Biyi e já fizeram curso de artes cênicas, com Reginaldo Flores e com Godi, realizaram a adaptação e montagem da peça *A Vendedora de Acaçá*, do conto de Mestre Didi (Deoscoredes M. dos Santos), curso de projeção de cinema, com Luiz Orlando e cineclube com sessões semanais, curso de fotografia com Rino Marconi com exposições, sessões de capoeira com José Sant'anna, de etiqueta com Castro Alves etc. Alguns desses jovens começam a atuar como monitores na Minicomunidade Oba-Biyi;
• através dos trabalhos de pintura, colagem, escultura, dramatização, dança, música, visitas a museus, acesso a peças de teatro etc., as crianças vêm percebendo novas oportunidades e desenvolvendo, com maior amplitude, suas possibilidades e interesses.

Os contos narrados e adaptados em auto coreográficos, com música, dança e dramatização, que se tornaram a base do currículo experimental de Educação Pluricultural da Minicomunidade Oba Biyi.

Figura 1 - A experiência de Educação Pluricultural Minicomunidade Oba Biyi teve o currículo baseado nos contos e autocoreográficos de Mestre Didi.

CAPÍTULO V

ESTÉTICA NEGRA E ARTES PLÁSTICAS

OS VALORES DA ESTÉTICA NEGRA

A importância estética das esculturas negro-africanas de há muito foi reconhecida pelo Ocidente. Tanto assim que há muitos museus europeus que guardam a sete chaves o que puderam pilhar de suas ex-colônias africanas. Há alguns anos, a Inglaterra negou-se a fornecer por empréstimo à Nigéria a escultura escolhida como símbolo do Festival de Arte Negra, originária da própria Nigéria.

O valor estético das esculturas africanas foi também reconhecido e absorvido pelos artistas europeus que transformaram radicalmente a arte europeia, estabelecendo os cânones da "arte moderna e contemporânea". Sem dúvida, a "arte moderna" está baseada neste contato sobredeterminado pelas relações coloniais.

Foram essas relações coloniais que sobredeterminaram também a atuação da crítica oficial que procura, de modo geral, recalcar e racionalizar o significado da utilização da estética negro-africana pela "arte moderna". Entre nós, Carlos Cavalcante bem ilustra esta situação em seu livro *Como entender a pintura moderna.* (56) Imerso nas concepções evolucionistas e etnocêntricas, assim se refere: "Entre as manifestações artísticas primitivas que exerceram maior influência na pintura moderna, estão as artes negras, particularmente a escultura [...]"

> Nas primeiras experiências cubistas, Picasso inspirou-se bastante na escultura negra [...] As deformações de Modigliani, por exemplo, são depurações ou estilizações pela sensibilidade de um civilizado de formas e ritmos da escultura africana [...].

> O elementarismo de cor dos negros, selvagens e das crianças, geralmente sem as nuances das artes eruditas, também influiu consideravelmente no aparecimento de tendências que se distinguem pela impulsividade ou verdadeiro automatismo, como os expressionistas, figurativos, os fovistas e os abstrato-expressionistas. (57)

E ainda, referindo-se a uma obra de Paul Klee:

"Um dos mais complexos e versáteis pintores modernos revelou-se em muitas composições autêntico primitivo. Os primitivos expressam sentimentos elementares e, por isso mesmo, não praticam o realismo visual [...]". (58)

As esculturas negro-africanas, em geral, se caracterizam basicamente por expressarem esteticamente um conceito, uma ideia, uma essência, para além da aparência "realista", referem-se a um repertório de signos que muitas vezes se expressam em formas abstratas geométricas e exploram um espaço multidimensional. As esculturas representam e invocam uma visão do mundo, materializam forças invisíveis, representando-as. É a "escultura dos signos", como se referiu Ola Balogun. (59)

Neste sentido, muito se diferencia a arte africana da arte europeia que influenciou. Tomando-se o cubismo como um referente básico desta influência, observamos que nele se trata de representar pessoas e paisagens, ou, se quisermos, formas "naturais", de modo geométrico-abstrato, aproveitando-se das formas estéticas da arte africana no que é percebido mais superficialmente. Retiradas de seu contexto próprio de significação e comunicação, apenas alguns de seus aspectos estéticos peculiares são percebidos e extraídos. É como se esses artistas europeus houvessem entrado em contato com a arte negro-africana através das esculturas expostas nos museus das metrópoles coloniais.

Retiradas de seu contexto próprio de significação, essas esculturas apresentam-se "mumificadas", sua significação própria esvaziada e vulnerável ao arbítrio das formas exógenas de percepção e sensibilidades as mais variadas.

As culturas negras se caracterizam pela forma de comunicação predominantemente "oral". Esta forma de comunicação, como vimos, caracteriza-se por ser interdinâmica, interpessoal ou intergrupal e, portanto, sua simbologia é eminentemente contextual. Daí por que as formas estéticas das esculturas negras só podem ser percebidas, em toda sua plenitude e riqueza simbólica própria, no contexto e nas relações de comunicação para o qual foram produzidas e criadas. É neste contexto que a escultura se complementa em ritmo, movimento, dramatização e significação. É numa determinada situação contextual em que se realiza a comunicação que ela se combina com diversos outros elementos estéticos que magnificam o sagrado e exprimem em seu conjunto uma visão coletiva e peculiar do mundo. Só nesta situação, as esculturas podem então ser percebidas em sua riqueza cultural própria. No Brasil, a herança estética africana presente na cultura nagô ilustra significativamente estes pressupostos: Os prosopons Gelede, do culto aos ancestres femininos, os paramentos e vestimentas dos Egungun, do culto aos ancestres masculinos, os emblemas, paramentos e vestimentas dos orixá, destacando-se os opaxorô, os abebe, o ibiri, os ogó, o agadá, o xaxará, o oxê, o ofá, os erukerê, os opa ossãiyn etc., expressam combinações simbólicas complexas cuja significação só pode ser abstraída com sua pertinência a partir de sua forma própria de comunicação contextual e ritual.

ESCULTURAS, EMBLEMAS E SIMBOLOGIA DO PANTEÃO DA TERRA NAGÔ

Descendente dos Axipá, uma das mais ilustres e tradicionais famílias fundadoras da cidade de Ketu, e originária de Oyó, capital política do antigo império Yoruba, adoradores de Xangô e Oxossi, Deoscoredes M. dos Santos, Mestre Didi, é hoje um dos mais eminentes dignitários da cultura nagô ou yoruba no Brasil.

Desde a infância, demonstrou seus dons de escultor. Aos quinze anos foi confirmado Assogbá, sacerdote supremo do culto de Obaluaiye na comunidade religiosa fundada por mãe Aninha, Iyalorixá Obá Biyi. Desde essa época, tornou-se o responsável pela elaboração dos emblemas rituais do templo de Obaluaiye que incluem o xaxará, o ibiri, Oxumaré meji, Opa Ossãiyn. Além disso, fez inúmeras esculturas para outros templos, como se pode notar, por exemplo, pelo oxê-Xangô que está afixado e conservado na fachada do templo de Xangô feito já há muitos anos.

As esculturas rituais nagô, como veremos, estão constituídas por elementos materiais utilizados em suas confecções que se caracterizam por serem elementos-signos, que com sua forma de combinação determinada expressam determinada significação. Juana Elbein dos Santos se refere à estruturação simbólica dos emblemas como uma relação de combinação específica entre o que denomina símbolo-signo, menor e última unidade simbólica, e o símbolo-complexo, totalidade de uma estrutura dada.

No caso dos emblemas relativos ao templo dos orixá ninu ilé, o ibiri de Nanã, o xaxará de Obaluaiye e as serpentes de Oxumarê expressarão a significação do panteão da terra.

Em *Os nagô e a morte*, Juana Elbein dos Santos se refere a que, quando Olorum procurou a matéria apropriada para criar o ser humano, todos os orixá foram procurá-la. Escolheram a lama. Todavia, todas as vezes que um deles tentava tirar-lhe um pedaço, a lama chorava. Nenhum orixá quis então retirar-lhe o menor pedaço. Somente Iku, Morte, não teve dó.

> Levou-a a Olorum, que pediu a Orixalá e a Olugama que a modelassem e ele mesmo insuflou seu hálito. Mas Olodumaré determinou a lku que por ter sido ele a apanhar a porção de lama, deveria recolocá-la em seu lugar a qualquer momento, e é por isso que lku sempre nos leva de volta para a lama. (60)

lku, Morte, diz-nos Juana E. dos Santos "está profundamente associado ao mito da gênese do ser humano e à terra" [...] Iku não fica em lugar fixo, mas roda em torno do mundo para realizar o seu trabalho [...] é representado por, em opá, o kumon, símbolo que também faz parte dos emblemas de Obaluaiê. (61)

Nanã é associada à lama, matéria-prima de tudo que nasce. Ela contém dentro de si os mortos, os ancestres que permitirão o eterno ciclo do renascimento. Para engendrar, ela precisa ser ressarcida. Uma das cantigas de Nanã se refere: *Nanã Iku re*, Nanã é (contém) Morte. Suas cores são o azul-marinho, azul escuro, variável do preto, que expressa interioridade, mistério, interior da terra, útero fecundado, e o branco, que expressa força genitora.

Seu emblema, o ibiri, é formado por nervuras da palmeira enfeixadas – representação coletiva dos ancestres, dos espíritos dos mortos –, tiras de couro com suas cores azul escuro e branco, contas – partículas descendentes – búzios, – representação dos mortos que, quando em sequência, expressam ancestralidade e descendência, expressão de linhagens.

O ibiri é também uma representação de seu filho Obaluaiê. Em determinadas cantigas de Nanã, a sacerdotisa manifestada dança com o ibiri, ninando-o como a um filho.

De acordo com Juana E. dos Santos, (62) Obaluaiye, "Oba-olu-aiyê, rei de todos os espíritos do mundo", está relacionado com a terra, a terra quente, seca. Assim como Nanã, é um orixá que zela pela justiça e pelo equlíbrio. Patrono das doenças epidêmicas, sobretudo a varíola e doenças quentes que provocam febres altas. Associado ao calor violento, ele é quem controla esses males e quem tem o poder de suprimi-los e mantê-los afastados. Seu emblema, o xaxará, é uma vassoura sagrada com que limpa e varre as doenças e as impurezas e os males sobrenaturais. O xaxará possui uma forma cilindrica, fálica, e é composto de feixe de nervuras de palmeira, tiras de couro com as cores de Obaluaiye – preto, vermelho e branco e suas variáveis , búzios e contas. Obaluaiye está associado basicamente ao preto, ideia de interioridade e mistério. Interior da terra, onde habitam os ara orun, os ancestres, que são seus irmãos e que ele representa. O vermelho associa-o à ideia de quentura e calor e o irmana a Xangô, orixá do fogo e da Justiça. O branco relaciona-o com a ideia de ancestre-descendente. Possuindo as três cores básicas da criação, representa o mistério da gênese.[1]

As serpentes de ferro de Oxumare, irmão de Obaluaiye, associam-no à cor preta, interioridade da terra, de onde emerge três vezes ao ano para expandir o seu poderoso axé (força vital) e retornar. É o arco-íris, variedade de cores, multiplicidade de destinos, as múltiplas variáveis e distinções do processo vital, o mistério do renascimento. Oxumaré é considerado um grande babalaô, conhecedor dos segredos da vida, da multiplicidade dos destinos, e seu irmão Obaluaiê é o patrono do sistema oracular erindilogum, composto de 16 búzios mais 1. Os búzios, representação dos ancestres, estão presentes em quantidade nos paramentos de ambos, e sua abundância caracteriza os emblemas, os paramentos e a simbologia dos orixá do interior da terra.

A partir das esculturas desses emblemas rituais consagrados, de complexa simbologia e profundas elaborações, Deoscoredes M. dos Santos, Mestre Didi, realiza suas recriações estéticas, onde consegue manter a complexidade simbólica do contexto ritual através de soluções

[1] Sobre a significação de Obaluaiê-Oxumare e seus emblemas, veja Santos. (63)

geométricas e espaciais e combinações de emblemas que substituem a significação dada pelo contexto da ação ritual.

O valor máximo da arte escultórica de Mestre Didi está em conseguir estabelecer um padrão estético original que harmoniza a passagem do espaço do contexto da criação religiosa para o espaço e o contexto das recriações profanas, mantendo a complexidade simbólica e a profundidade das elaborações sagradas.

Fiel às referências míticas de origem em suas recriações, Mestre Didi mantém em suas esculturas as relações constantes da constelação dos orixá do panteão da terra. Assim, as novas formas recriadas combinam-se de modo a manter as significações profundas do universo simbólico pertinente à significação dos emblemas rituais. O xaxará, o ibiri, as serpentes de Oxumaré, o opa Ossaiyn são emblemas rituais básicos para as recriações: Xaxará, Ibiri ati Oxumare meji, Iwin igi, Opa Ossayin ati Oxumarê meji, O Sentinela, Cetro de Obaluaiye, Eye etc.

O conhecimento profundo das tramas que envolvem as relações das constelações dos orixá permite a Mestre Didi realizar múltiplas formas de combinações, mantendo a significação originária.

Xaxará Ibiri ati Oxumare Meji, uma de suas peças de grande expressão estética e artística, condensa de modo admirável, numa síntese espacial de aproveitamento das formas dos emblemas originários, a significação dos orixá que constituem o panteão da terra. Nesta obra, percebemos delineada toda uma orientação estética

Figura 2 - **Prosopon Gelede** - utilizado nas cerimônias do culto das Iya-mi Agba, os ancestres femininos nos territórios Yoruba. Acervo e foto M. A. Luz

Figura 3 - **Iya Efun** - Exposição na II° Conferência Mundial da Tradição dos Orixá e Cultura, Salvador 1983. Acervo do Ilê Axé Opo Afonja
Foto: M. A. Luz.

Figura 4 - **Eye** - Mestre DIDI.
Partindo do contexto simbólico característico do Panteão dos Orixá da Terra, Eye representa o grande pássaro, associado a Nanã e às Iya-mi Agba que têm em Oxum sua patrona suprema, Iya-mi Akoko
Foto: Artur Ikissima.

Figura 4a - **Xaxara** - Denominado "Xaxara de assentamento" de Obaluaiye, que compõe o ojubo, lugar de devoção ao orixá, ele está composto com duas pequenas cabaças adornadas de búzios. Escultura emblema de Mestre Didi. Acervo e foto M. A. Luz

Fig. 5 - **Xaxará**, ibiri ati ejo kan Recriação dos emblemas dos orixá ninu ilé, Obaluaiye, Nana e Oxumare. Escultura de Mestre Didi. Foto e acervo de M.A. Luz

Figura 6 - O cubismo "pretende a representação total da estrutura do objeto, como se contemplássemos simultaneamente por todos os lados" - diz-nos Carlos Cavalcanti, todavia essa postura não é "o resultado de um processo intelectual arbitrário", como se refere este autor a propósito, mas sim de características da arte escultórica negro-africana que influenciou este movimento artístico europeu. Pintura de Pablo Picasso, Musée Picasso.
Foto: M. A. Luz, 1991.

Figura 7 - **Oxê Xangô** – Emblema característico do orixá Xangô-Escultuta de Lamidi Fakeiye. Acervo e foto M.A. Luz

Figura 8 - Pintura de Rubem Valentim inspiradas nos emblemas do panteão dos orixá nagô. Exposição na II° Conferência Mundial da Tradição dos Orixá e Cultura, 1983
Foto: M. A. Luz.

fig 9 - "Festa Acabada, Músicos a pé", de Portinari.
Quando Carlos Cavalcanti se refere à pintura de Portínari para destacar a "versatilidade, ecletismo e inspiração popular de sua extensa obra", este discurso recalca a influente presença do processo cultural negro e sua dimensão estética, substituindo-a pela categoria "popular"

SIMBOLOGIA DAS ESCULTURAS NEGRAS E ARTES PLÁSTICAS

Se as obras de Mestre Didi se caracterizam por manter ao nível das recriações artísticas profanas a riqueza das significações e elaborações profundas do universo simbólico nagô, o mesmo não observamos em diversos artistas que exploram a temática nagô ou a temática negra em geral.

Não vamos deter-nos naqueles artistas modernos que beberam desta fonte via Europa, influenciados pela arte de Picasso, Braque, Cezanne, Calder, e muitos outros, expressões de diversas escolas e movimentos artísticos como o cubismo, o fovismo, o dadaísmo, o expressionismo alemão etc.

Também não vamos nos referir à abundante e inflacionante série de gravuras, pinturas ou esculturas que procuram retratar os orixá manifestados e paramentados. Como se referiu ironicamente Rubem Valentim em recente seminário,[2] a essas retratações desnecessárias, muito mais gratificantes esteticamente é presenciar o que foi retratado.

Dentre os atuais artistas plásticos consagrados, é justamente Rubem Valentim que nos deteremos a comentar, suas obras e suas teorizações, sua inquietude por uma busca de uma "riscadura brasileira, uma semiótica, semiologia não-verbal visível". (64)

A obra de Rubem Valentim se caracteriza por pinturas, altos-relevos e esculturas em madeira e, agora, concreto, cujas formas estão baseadas numa recriação do que denomina "iconologia afro-ameríndia-nordestina-brasileira". (65)

Todavia, observando sua obra, vemos que o que mais se destaca são as recomposições dos emblemas do culto nagô como, de certa forma, ratifica o próprio Valentim:

> [...] depois de haver feito algumas composições, já bastante disciplinadas, com ex-votos, passei a ver nos instrumentos simbólicos, nas ferramentas do candomblé, nos abebês, nos *paxôros*, nos *oxés*, um tipo de "fala", uma poética visual brasileira capaz de configurar e sintetizar adequadamente todo o núcleo de meu interesse como artista. (66) [3]

---

[2] Seminário de Simbologia e Linguagem nas Manifestações da Diáspora Negra - Ritos e Dramatizações, Organizado e patrocinado pela Sociedade de Estudos da Cultura Negra no Brasil, Fundação Cultural do Estado da Bahia e Fundação do Patrimônio Cultural do Estado da Bahia, em abril de 1980.

[3] Leia-se "opaxorô" e "oxê" (Grifos nossos).

Tendo absorvido as informações da arte moderna, Rubem Valentim procurou reciclá-las a sua formação histórica individual baiana, de onde emerge sua fonte de inspiração e criação artística.

Tendo vivido em Salvador até os seus trinta e poucos anos, na "Roma Negra", como se referia à digníssima Iyalorixá Oba Biyi, Mãe Aninha, nada mais natural que um artista, cuja formação se deu em meio a esta forte presença da vertente cultural negro-brasileira, se sentisse atraído pela arte moderna, que, como sabemos, teve como fonte originária a arte negro-africana.

Os caminhos de Rubem Valentim não foram fáceis em seu início, como ele próprio assevera. As dificuldades que enfrentou no contexto baiano não se deveram apenas pelo fato de ser um artista que fugia aos cânones estéticos oficiais de então, mas também por ser um artista de vanguarda, que se apoiava nas formas simbólicas da emblemática nagô.

Se, por um lado, Rubem Valentim pôde se considerar um dos pioneiros em termos de recriações plásticas assentadas na emblemática negra, atualmente sua contribuição merece algumas observações críticas, no sentido de que continue a ocupar este espaço de vanguarda que caracterizam seus trabalhos.

A importância de sua obra não está só no fato de procurar abrir um espaço novo no contexto da produção e circulação artística oficial, mas também pela razão de que esta procura redundou-lhe num esforço de fornecer esclarecimentos à crítica em geral do valor e do significado de seus trabalhos. Em programas e catálogos, em entrevistas à imprensa, e principalmente no *Manifesto ainda que tardio,* Rubem Valentim procura oferecer subsídios, à crítica e ao público apreciador de arte em geral, para uma melhor compreensão de sua arte.

O FEITO E O DITO

Comparando o discurso artístico com seu discurso teórico-ideológico, podemos perceber uma homologia de significados entre eles e que enfim caracteriza sua atuação.

Seu discurso, como veremos, situa-se no âmbito da problemática ideológica do mestiçamento e do sincretismo.

De modo sumário, devemos esclarecer que essa problemática ideológica, que vem de encontro aos interesses de classe e de segmentos étnicos que detêm a maior parcela de poder político e econômico no âmbito da sociedade global, caracteriza-se por tentar recalcar a pluralidade étnica e cultural nacional, aqui representada como absorvida ou tendente à absorção pelo "predomínio" da "raça branca" e/ou pelos padrões culturais eurocêntricos. Assim como se fez e se faz todo um esforço para "apagar" a realidade da presença maciça do povo negro no Brasil, em diversos níveis, também se faz um esforço para tentar recalcar a marcante presença da cultura negra e de seu *ethos* no contexto nacional.

A esse respeito, Juana Elbein dos Santos, (67) se refere em relação à produção científica:

> [...] esse condicionamento histórico da ciência gerou - salvo raras exceções - teorias metodológicas e trabalhos que limitaram, obscureceram e até deturparam a realidade sócio-cultural que pretendiam analisar. Essa situação gerou, e continua gerando, cientistas cujas histórias pessoais e bagagens acadêmicas, emergentes desse sistema oficial de valores, conduzem a perpetuar estereótipos conceituais de difícil remoção. A herança evolucionista se alastra até nossos dias. Fetichismo, animismo e até sincretismo são suas consequências [...]

Em relação às teorias do mestiçamento, convém notar, como observa Eduardo Hoornaert (68) que "não há nenhuma relação entre este (o mestiçamento) e a proclamada democracia racial ou social".

Falando de sua história pessoal em depoimento gravado para a Fundação Cultural do Estado do Bahia e, simultaneamente, em entrevista coletiva à imprensa, Rubem Valentim disse que seu pai, mulato, foi considerado por seu avô, branco, filho ilegítimo. Sua mãe, por outro lado, era branca, descendente de Bragança, porém de um ramo da família que se "desviou". Disse ainda, que essa situação jurídica que caracterizava os filhos de brancos com negros era "o normal" nas relações sociais de então. O filho mulato, mestiço, não era legítimo, não sendo reconhecido juridicamente ou assumido pelo branco como seu filho.

Rubem Va1entim, de certo modo, deseja resgatar esta legitimação através da ocupação de um espaço próprio e de reconhecimento do valor de sua criação no contexto da produção e circulação artística oficial.

> [...] Com o peso da Bahia sobre mim - a cultura vivenciada, com o sangue negro nas veias - o atavismo, com os olhos abertos para o que se faz no mundo - a contemporaneidade, criando os meus signos-símbolos, procuro transformar em linguagem visual o mundo encantado, mágico, provavelmente místico que flui continuamente dentro de mim.

E ainda:

> Minha linguagem plástico-visual, signográfica, está ligada aos valores místicos profundos de uma cultura afro-brasileira (mestiça-animista-fetichista). (69)

A essas afirmações contundentes cabe analisarmos as contradições que nelas se apresentam, a ambiguidade de quem, querendo afirmar, ao mesmo tempo nega e recalca.

Assim é que "abrir os olhos para o mundo" não deve caracterizar-se por desguarnecer-se e permitir a introjeção ou a adoção das formas de percepção ideológicas da cultura e religião negra pelos segmentos "eurocêntricos". Assumir a cultura negra como "mestiça-animista-fetichista" é fechar os olhos para o valor e real significado do processo civilizatório negro no Brasil. É não perceber a complexa dimensão simbólica e a riquíssima visão do mundo que se expressa em diversos elementos estéticos que magnificam o sagrado e exprimem uma determinada significação. Perceber esses elementos através dos parâmetros ideológicos "eurocêntricos", das teorias "animistas" e "fetichistas" é se circunscrever no âmbito de onde se quer sair:

> [...] sou, entretanto, contra o colonialismo cultural sistemático e o servilismo ou subserviência incondicional aos padrões ou moldes vindos de fora [...]. (70)

A percepção alienada da simbologia negro-brasileira faz com que Rubem Valentim recaia em outro erro, ou seja, de denominar os elementos-signos e os sistemas simbólicos negros e ameríndios, de "iconologia": "[...] A iconologia afro-ameríndia-nordestina-brasileira está viva". (71)

Aqui atingimos o ponto nevrálgico e crítico de seu esboço teórico-ideológico. Trata-se do interessante e curioso esforço de passar as categorias colonialistas antropológicas do animismo e do fetichismo para o corpo conceitual da Teoria da Comunicação. Senão, vejamos toda a estratégia teórica.

Primeiramente o erro de percepção e confusão de apresentar a cultura negra como "cultura mestiça". Esta percepção tenta esvaziar e confundir a compreensão da cultura negra como um sistema e um processo próprio; possuindo um sistema de valores e um sistema simbólico em que diversos elementos-signos se combinam para exprimir uma visão do mundo determinada, constituinte de um universo cultural próprio.

Percebendo-a como "mestiça", tende-se a situar seus elementos de maneira dicotomizada e caracterizá-los sob as noções de "sobrevivência" e "sincretismo".

Em verdade, as lacunas porventura existentes em um ou outro contexto cultural negro em que o sistema se apresente, forçam como vimos, aqui ou ali, as constituições de variáveis associativas com elementos simbólicos exógenos, cujo significante ou o contexto ritual, todavia, garante a transmissão de uma significação sempre no sentido de continuidade do próprio sistema negro que os absorveu e deglutiu. Associações e empréstimos são sempre no sentido de permitir a continuidade dinâmica do processo sincrônico cultural negro, e nunca para uma transmutação diacrônica da estrutura simbólica originária. Resistência-adaptação, continuidade na descontinuidade são as reais características do desenvolvimento do processo cultural negro no Brasil e nas Américas.

Por outro lado, a percepção ideológica dicotomizada e recalcada dos elementos-signos ou dos símbolos da religião negra é forma constituinte das noções de "fetichismo" e "animismo" na verdade, porém, não existe hidrolatria nem litolatria na cultura negra, água e pedra, por exemplo, enquanto representações simbólicas sistêmicas e contextuais expressam conceitos abstratos integrantes de uma profunda e complexa visão do mundo.

Enquanto expressões estéticas da liturgia e do ritual, objetos-símbolos se constituem em formas de representação e de comunicação do sagrado: "os objetos não são apenas representação material, mas emblemas essenciais em que o sagrado está representado". (72) Os elementos símbolos constituem-se numa realidade que transcende.

Por estas razões não há fundamento para Rubem Valentim se referir à "iconologia afro [...]"; mas sim à simbologia negra. Isto porque o ícone, conceito utilizado por Charles Sanders Peirce,

> [...] se caracteriza por nele se dar uma similitude de fato entre o significante e o significado, o que vale dizer, por haver uma motivação entre os dois, são icônicos tanto as representações figurativas de um objeto ou de um animal na pintura, quanto as formas onomatopaicas. (73)

Para Charles Sanders Peirce, o símbolo, por sua vez, se distingue do ícone "pela ausência de qualquer similitude ou contiguidade entre suas partes constituintes". (74)

Assim podemos concluir, neste ponto, que Rubem Valentim, na verdade, realiza uma inversão nas suas elocubrações teóricas. Pois que realmente não existe em sua obra artística uma simbologia no que denomina de "meus signos-símbolos", menos ainda uma "linguagem plástico-visual-signográfica", (75) mas sim uma iconologia. Precisamente, porque sua obra está motivada e constitui-se de representações figurativas e de relações de similitude vinculadas aos elementos-signos pertencentes à simbologia e à linguagem estético-litúrgica do universo cultural negro. Enfim, pode-se dizer que os *oxê-xangô,* os *opaxoro,* os *opá-ossaiyin* etc., que em sua significação própria, com suas formas de combinações e em seu contexto, enquanto símbolos expressam conceitos abstratos e transcendentes, inspiram as esculturas icônicas de Rubem Valentim, ícones daqueles símbolos.

Quais seriam a particularidade e o valor artístico das obras icônicas de Rubem Valentim, de sua iconografia? O valor e a particularidade estão na relação de pertinência entre suas experiências com a arte moderna e sua fonte de referências, a arte negra. Entre seu construtivismo de formas geométricas de remota inspiração cubista e as formas estéticas características da simbologia negra há uma relação histórica já dada que em sua obra se pronuncia.

Todavia, assim como a arte ocidental tentou esvaziar as significações das esculturas-signos africanas, retirando-as de seu contexto, "mumificando-as" nos museus coloniais, também, até certo ponto, Rubem Valentim empobrece esta simbologia, quando pensa estar enriquecendo-a. As combinatórias ou as justaposições artísticas de seus elementos-ícones não estão compromissadas com o rigor das combinações e as significações da simbologia negra. Esta falta de comprometimento e adequação recriativa da simbologia negra cede lugar a novas combinatórias, cujos valores exógenos ao contexto original referem-se ao prisma da estética neocolonialista.

Para tanto, não faltam os aplausos de uma crítica que se acostumou a apreciar as obras que se "inspiram" na arte do "povo". Citando o crítico Mário Pedrosa, Valentim, na busca de legitimação de seu trabalho, vai encerrando seu "Manifesto":

> Há algo de antropofágico em sua arte, no sentido oswaldiano - ser produto de deglutições culturais. Ao transmutar fetiches em imagens e signos litúrgicos em signos abstratos plásticos, Valentim os desenraíza de seu terreiro, e carregando-os de mais a mais de uma semântica própria, os leva ao campo da representação por assim dizer emblemática, ou numa

> heráldica, como disse o professor Giulio Carlo Argan (Itália, 1965). Nessa representação os signos ganham em universalidade o que perdem em carga original mágico-mística. (76)

Ora, cabem alguns reparos, pois, em primeiro lugar, a antropofagia oswaldiana se caracterizou por uma situação inversa: foram os índios que devoraram o bispo Sardinha..., isto é, o sentido da antropofagia é da deglutição da cultura europeia pela cultura brasileira. Absolutamente, assentar-se nos valores e cânones estéticos da arte europeia para deglutir a simbologia e os padrões estéticos negrobrasileiros não é antropofagia no sentido oswaldiano, mas pura e simplesmente *colonização!*

Por outro lado, convém indagarmos, por que é atribuído aos valores estéticos europeus os atributos de "universalidade"? E, finalmente, por que se recalca o sistema simbólico negro através das noções ideológicas de "fetiche", "carga mágico-mística" etc.?

Enfim, todas essas observações visam provocar uma reflexão crítica. Se Rubem Valentim, na verdade, deseja a legitimação de sua arte, o seu caminho, acreditamos, não deve ser o do recalcamento (consciente ou inconsciente) de suas fontes; deve, pelo contrário, valorizá-las em sua real dimensão, e não apenas para "utilizá-las", mas considerando-as como referências de um processo cultural riquíssimo que integra o patrimônio cultural brasileiro, que necessita para o bem de "nossa tomada de consciência cultural", ser legitimado no âmbito da sociedade oficial.

É lutando pela legitimação dos valores culturais negros, procurando estar de "olhos abertos" para percebê-los em toda sua riqueza e complexa simbologia, fugindo das armadilhas ideológicas do preconceito e do recalcamento ideológico que, acreditamos, os artistas plásticos negros encontrarão os espaços para a legitimação de sua arte.

CAPÍTULO VI

A LEITURA DOS SÍMBOLOS NAGÔ

INTRODUÇÃO

Quando a enaltecida Mãe Aninha, Iyalorixá Oba Biyi, fundadora da comunidade terreiro Ilê Axé Opo Afonjá, com a participação de Martiniano do Bonfim, Ojé Lade, alto sacerdote da tradição, aceitaram o convite de Edison Carneiro para realizarem comunicação no Congresso Afro-brasileiro de 1935, eles indicaram um caminho para combate e superação do preconceito para com a religião, fonte das culturas africanas.

Na ocasião, o mundo acadêmico das universidades realizava a produção teórica que criou as bases do racismo, ideologia constituinte da Razão de Estado da República.

Apoiado no poder de Estado da escrita impressa, a Razão de Estado estabelecia suas "verdades científicas" que alimentaram o imaginário do preconceito.

Realizando uma comunicação sobre a culinária litúrgica, como forma simbólica de outra maneira de leitura de uma riquíssima visão de mundo de uma cultura milenar, a Iyalorixá Oba Biyi abre caminhos, e é neles que procuraremos caminhar.

Nós vamos lidar com uma civilização que é considerada o berço da humanidade, cuja origem se perde na noite dos tempos, e de uma cultura milenar que se projeta da África para as Américas. Estaremos no terreno da civilização africana e da cultura nagô, particularmente no âmbito de tradições que não usam predominantemente a escrita e seus desdobramentos como forma de comunicação e, também, não apela exclusivamente para a relação olho/cérebro para decodificar e estabelecer suas trocas de mensagens.

Para entendermos a cultura africano-brasileira temos de estar preparados para uma leitura de símbolos para a adequada aproximação. È também necessário compreender o valor da estética como parte intrínseca da comunicação de participação direta, interdinâmica e intergrupal de seus integrantes, e da maneira em que a arte participa da elaboração de conhecimentos. A noção de ***odara***, em língua yoruba, exprime essa dimensão de que o bom e o belo são uma coisa só, o técnico e o estético são inseparáveis.

ARTE SACRA NAGÔ, FILOSOFIA E SIMBOLISMO

A arte tradicional negro-africana se caracteriza por ser uma expressão de símbolos, ou melhor, representação de noções ou conceitos que elaboram uma visão sagrada de mundo. No caso da cultura nagô, que está presente também nas Américas e especialmente na Bahia, ela se constitui através da concepção das noções de aiyê, esse mundo e de orun, o além. Assim sendo, ela exprime a intensidade da relação dinâmica entre esses dois aspectos da *existência*.

Através da religião, dos seus rituais, são mobilizadas forças sagradas, ***axé***, capazes de atualizar e de interferir na relação do aiyê com o orun. A linguagem da liturgia se constitui numa dimensão estética que envolve de beleza as ações sagradas.

Música percussiva poliritmica, cantos, danças, dramatizações, poesias, trajes e paramentos, emblemas, culinária litúrgica etc. são alguns dos aspectos da linguagem estética que expressam, de um lado, a visão de mundo constituinte da tradição e, de outro, promovem a sociabilidade dos integrantes da comunidade, reforçam os vínculos de identidades e, sobretudo, promovem a circulação de axé garantindo a continuidade da vida.

As esculturas acompanham os cânones estéticos da tradição. Os escultores formam um grupo especial de artistas, muito respeitados e valorizados, seus conhecimentos atravessam gerações. Eles são responsáveis por enriquecer palácios, e a concorrer para magnificar a religião. Seus conhecimentos incluem além da técnica, um profundo conhecimento da estética e, sobretudo, da complexidade dos símbolos que pretendem representar; desde a matéria específica que já simboliza e conceitua barro, madeira, metal etc. até as formas que exprimem conteúdos. Além disso, eles estão preparados, ritualmente, por suas iniciações, a lidar com essas atribuições.

A categoria de **odara**, em língua nagô, quer dizer bom e bonito simultaneamente, indissoluvelmente. Nesse sentido, tudo que presta deve ser belo, a técnica está inter-relacionada com a estética. Assim, nosso povo está sempre atento ao efeito estético, pois a beleza ajuda a interação com as entidades agradando-as e facilitando os ritos que proporcionam a fluidez de axé. A comunidade reunida, *re-ligada*, compartilha com as entidades o conhecimento e a emoção proporcionados pela atmosfera sagrada. A alegria desses momentos fortalece a todos, odara.

ESCULTURAS SÍMBOLOS DO ORIXÁ XANGÔ

Vamos tratar de alguns aspectos da arte escultórica que exprime valores relacionados com o orixá **Xangô,** de grande importância na tradição yoruba ou nagô, tanto na África como em nosso continente.

Xangô é o orixá patrono da cidade de **Oyó**, antiga capital política do império nagô ou yoruba. Ele representa o princípio do político ou da política, isto é, a necessidade da espécie humana de sociabilidade, ou seja, de viver societariamente.

Originalmente Xangô é cultuado no **afin**, o palácio do **Alafin**, o rei de Oyó. A Iya Nassô é a alta sacerdotisa responsável pelo seu culto. Xangô então é cultuado para proporcionar o bem viver comunitário, o equilíbrio político através da justiça no cumprimento das regras da tradição e seus valores.

Se de um lado o orixá protege com o seu poder àqueles que respeitam a tradição e proporcionam a expansão da circulação de seu axé, também pode, ministrando justiça que garanta esses valores, impedir e castigar aos que prejudicam a circulação de axé e o equilíbrio dos vínculos comunitários assentados numa ordem hierárquica de valores próprios estabelecidos pela tradição. A comunidade religiosa, portanto, possui a obrigação de zelar pela tradição litúrgica, promovendo a renovação do axé através dos respectivos rituais.

A CULTURA DOS PRINCÍPIOS DE EXISTÊNCIA

A visão de mundo nagô, sua cosmogonia, se caracteriza por uma forma de pensamento em que os dois aspectos da existência, isto é, o aiyê este mundo, e o orun – o além, estão interligados através da circulação de axé.

Assim todos os seres que compõem a existência possuem esses elementos, isto é, um aspecto imanente desse mundo e outro transcendente, o orun (o além), interligados pela fruição de axé. Nessa forma de percepção está, portanto incluída o movimento, constituído pelo aumento ou diminuição de axé.

Os seres possuem um ciclo vital, os humanos nascem crescem desenvolvem os seus destinos nesse mundo e retornam para o além. A vida e a morte são idênticas, **okan naa ni.**

Os seres humanos são compostos de todos os aspectos naturais. A preponderância de um deles, de seu orixá, seu **eleda,** o seu criador, caracteriza um dos aspectos da individuação. Esses aspectos naturais são expressão dos orixá. Os orixá são os princípios de aspectos da natureza; do movimento, do ar, da água, da terra, da floresta, das árvores, das plantas, das folhas, do fogo, do vento, dos animais etc. etc. São cerca de mais de duzentos orixá. Eles são princípios e forças que governam o universo. Pela ordem, respectivamente, nós temos; **Exu, Oxalá, as Aiyagba; Nanan, Iyemanjá, Oxun, Aje, Olokun,** e outras, **Oduduwa, Iroko, Okô, Ossãiyn, Xangô, Iyansan, Oxossi** etc. etc.

O orixá Xangô é o princípio do fogo constituindo seus variados aspectos, as chamadas qualidades do orixá.

O princípio do fogo é um aspecto fundamental da sociabilidade humana. Por mais que recuemos na noite dos tempos sempre encontramos a espécie humana, vivendo agrupadamente. É em torno da fogueira, reunida, pensando e elaborando os mistérios da existência, provocando o *religare*, a *religação*, a religião, compartilhando sentimentos e emoções que vamos encontrar a espécie humana. É aí que também se celebra o distanciamento entre natureza e sociedade, o cru e o cozido, a transformação dos alimentos pela arte do uso do fogo, a domesticação do fogo e da água distinguindo a espécie.

Assim como o fogo possui diversos aspectos tanto construtivos como destrutivos para os seres humanos, assim o orixá Xangô também possui diversas qualidades. As comunidades enaltecem e celebram Xangô como princípio do fogo, especialmente na possibilidade dele proporcionar a sociabilidade, a comunalidade. Nesse sentido, ele é considerado patrono da realeza, isto é, do rei e das linhagens ancestrais, **idilé**, que deve proteger e promover o bem viver da comunidade. No caso concreto das comunidades religiosas é o cumprimento das obrigações, das regras da tradição, que proporcionam a circulação de axé, que garantem o bem viver comunitário.

EXU

Não se pode referir a nenhum orixá na cosmogonia nagô sem se referir ao orixá Exu. Ele é o orixá princípio do movimento, da ação e, portanto, nada existiria sem o Exu. Todos os poderes e qualidades dos orixá só se realizam pela atuação de Exu. No momento mesmo da criação dos seres, quando o orixá se torna **eleda**, o senhor de determinado ser, imprimindo sua força, é graças ao orixá Exu. Ele quem garante a ação do orixá. O Exu que acompanha Xangô é Amuniwa, e todos os seres têm o seu Exu, o **Bara**; Oba + ara o rei do corpo, dono do corpo, Elebara, aquele que permite a circulação de substâncias necessárias ao dinamismo do ciclo vital.

Exu detém o poder das três cores do axé, o branco, existência abstrata, o preto existência interior, processos do mistério do existir, e o vermelho, existência concreta individualizada, sangue circulante, que aproxima Exu de Xangô.

Exu possui várias funções que caracterizam seus títulos como Asiwaju, o que vai a frente, Enubarijo, boca que fala por todos os orixá, Elebo o que leva as oferendas e Ojixé ebo o mensageiro. Foi ele que de acordo com os itans, as histórias tradicionais, quem foi aceito por Olorum que lhe recebe e abre as portas do orun promovendo e possibilitando a circulação de axé, a propagação do ciclo vital.

A humanidade, de acordo com um desses itans, através das oferendas, deve ser responsável pela devolução de ingesta do Exu Yangi, Exu protomatéria da humanidade, o início da espiral da criação, garantindo a circulação de axé, o curso dos destinos.

Exu é o orixá patrono da relação sexual, garantindo a expansão das espécies, promovendo o aparecimento dos seres no aiye, favorecendo o ciclo vital e, portanto, a circulação de axé.

Resultante da interação dos princípios masculinos e femininos ele é um orixá filho, e, dessa forma, ele provoca o desejo de continuidade, de ancestralidade, representado pela figura do triângulo, dois mais um, o casal e o descendente.

SIMBOLOGIA E EMBLEMAS NAS ESCULTURAS

Começamos a nos referir a escultura que apresenta Exu com um "penteado" em forma de faca, característica do Exu Obé. A faca denota a separação, o desprendimento de um novo ser, resultante da interação de princípios masculinos e femininos, promovendo a geração, a gestação e o nascimento.

Por detrás do penteado caindo como uma trança em sequência pelas costas, pequenas cabaças conotando o poder reprodutivo de Exu.

A cabaça está também presente na mão esquerda, denominada de **ado iran**, ela constitui e contém o poder de Exu.

Na mão direita o emblema denominado **ogó**, um pequeno ramo de árvore trabalhado, de forma fálica, denotando uma das qualidades do orixá que garante a concepção e a reprodução.

Apresentado de calça curta a fim de representá-lo como orixá-filho, capaz de rápidos movimentos e deslocamentos.

Outra imagem de Exu o apresenta com uma pena na cabeça, formando o penteado de trança, descendo pelas costas. De acordo com um dos inúmeros **itan**, histórias atemporais do oráculo de Ifá, essa pena do papagaio Ekodide, o emblema **egan**, foi quem tornou Exu o mais antigo dos orixá por ter sido escolhido como o que tem a primazia de ser recebido por Olorun. O mundo passava por várias vicissitudes e as portas do orun estavam fechadas. As oferendas com as qualidades e poderes dos orixá levadas na cabeça por eles não ultrapassavam os umbrais do orun, o axé não circulava, o mundo estava em perigo.

Depois das tentativas de todos os orixá, Exu, após consultar-se com os **babalawo,** o sacerdote, pai do mistério, fez as oferendas necessárias e lhe foi recomendado o emblema egan; e, durante um certo tempo, nada mais deveria usar na cabeça. Foi assim que Exu partiu para o orun e já foi encontrando as portas abertas e, daí por diante, Olorun o designou como o que estaria à frente de todos os orixá; **Oxetuwa**, o que traz o axé para nós.

A escultura apresenta ainda os símbolos já descritos do adoniran e do ogó presentes na imagem anterior caracterizando os poderes de Exu.

As imagens de Exu lembram o ser humano. De acordo a uma história da tradição, ele nasce da resultante do casamento de Orunmila com Yieberu, ela muito desejosa de ter um filho não aguardou o tempo de criação dos seres humanos, conforme asseverava Obatala; e se contentou com Exu que se movimenta com desenvoltura entre esse mundo, o aiye e o além, o orun.

Outra imagem de Exu representa **Amuniwa**, o que acompanha Xango. Feito de barro pintado de preto representa o mistério interior da criação e seu sentido e direção, isto é, no caso específico, os valores que Xangô representa, ou seja, conviver na comunalidade com o poder de sociabilidade garantido pelas regras da tradição que promovem a circulação e expansão do axé e que garantem o bem viver nesse mundo.

Na mão direita, ele carrega uma lança, emblema fálico e também característico de guardião da tradição. Na esquerda, um igba, a cabaça que contém os seus poderes.

Queremos ainda destacar o orixá Exu como **Olojá**, o senhor do mercado. Na constituição das cidades, o ojá, o mercado é uma instituição fundamental, não só por sua dimensão de abastecimento dos provimentos necessários a população da cidade, mas também onde pulsa intensamente a comunicação, a troca, a interação entre seus participantes.

Fig. 10 - **Exu** - Orixá princípio do movimento e de ação, tem o poder de abrir e fechar os caminhos da circulação. Nas esculturas, sobressaem seus penteados simbólicos, seja com a pena, o emblema egan, ou na forma de faca, obé, e com tranças, na forma de pequenas cabaças. São símbolos de seu poder e mistério o ogó, na mão direita, e a cabaça, adoniran, na esquerda. Esculturas e foto de M. A. Luz

TRIÂNGULOS

Composições geométricas de triângulos se constituem em elementos estéticos característicos da simbologia do orixá Xangô. Já nos referimos que eles simbolizam a interação de princípios masculinos e femininos e o descendente resultante. Assim triângulo representa família. Sucessão de triângulos, famílias em expansão, formando linhagens. Composição de triângulos, losângulos em forma de rede, como as de pesca, simbolizam linhagens pertencentes de um mesmo corpo comunitário, sustentando-se e apoiando-se uma com as outras e assim fortalecidas. Manter a harmonia entre as linhagens que compõem o corpo comunitário é a arte, ciência e sabedoria do princípio do político.

Dos paramentos de Xangô sobressai o **ade,** a coroa real, na forma de sucessão de triângulos.

Xangô representa essencialmente o poder do princípio do político. Ele é o orixá patrono da cidade de **Oyó**, a capital política do antigo império nagô-yoruba. Os **alaafin**, reis de Oyó, são escolhidos entre as linhagens fundadoras, e Xangô é cultuado no palácio pela alta sacerdotisa responsável na hierarquia religiosa, a **Iya nassô**.

OXÊ XANGÔ

O oxê Xangô é o emblema característico do orixá. Ele possui a estrutura geométrica de dois triângulos se tocando em um de seus ângulos e se abrindo, um para a direita outro a esquerda, na forma de um machado duplo. Direita, princípio masculino e esquerda, princípio feminino, em equilíbrio e expansão.

Com seu poder, o poder do princípio de sociabilidade, ele garante a proteção das famílias das linhagens, das instituições comunitárias e suas tradições, das cidades e reinos.

Entretanto, a harmonia social não caminha apenas em águas tranquilas, acontece também momentos das águas revoltas, ou como estamos falando de Xangô, momentos de fogo brando e controlado com momentos de fogaréu incontrolável. São muitas as histórias de Xangô em que ele tem de travar muitas lutas para manter seu poder real.

Os escultores, conforme o contexto simbólico, criam composições que aludem a determinada situação a ser expressa esteticamente. Assim temos diversas composições dos oxês.

Fig. 11 - **Oxê Xangô** - Emblema tradicional do orixá Xangô. Uma sacerdotisa traz no alto de sua cabeça o oxê, machado duplo que simboliza os poderes e mistérios do orixá. Escultura e foto M. A. Luz

CONTINUIDADE E ANCESTRALIDADE. ELEXIN, AJAGUN E EGUNGUN

A noção de ancestralidade é das mais importantes na constituição da visão de mundo e dos valores da tradição nagô e negro-africana em geral. A continuidade da tradição cultural e religiosa se sustenta no legado de seus ancestres por sucessões de gerações ao longo infinito dos tempos. Em relação ao orixá Xangô, a ancestralidade está expressa na combinação de suas cores, o branco, **funfun**, existência abstrata, relacionado a princípios masculinos como o expresso por substâncias como o semem, e o vermelho, **pupa**, existência concreta, expressa por substâncias como sangue, circulação de vida ininterrupta nesse mundo.

Assim sendo, conceitos ou noções de linhagem, comunidade, comunalidade, cultura e tradição estão totalmente apoiadas no conceito ou noção de ancestralidade. É desse conceito que deriva os fundamentos do princípio do político, isto é, as regras da tradição herdadas dos ancestrais que garantem a consistência da sociabilidade do grupo sociocomunitário.

Nesse sentido, derivando da noção de ancestralidade que também é valorizada, a antiguidade de exercício, de posto ou de título, garantindo o poder da responsabilidade de quem por mais tempo exerceu a prática de continuidade, de preservação e expansão da linguagem e de valores da tradição, assegurando a circulação de axé necessário ao bem viver nesse mundo.

Um dos símbolos presentes nos altares, **ojubo**, do orixá Xangô é o **elexin**, o cavaleiro, ou **ajagun**, o guerreiro. Em Oyó, o cavaleiro é enaltecido como símbolo de realeza dos alafin. É também famosa a presença da cavalaria como elemento integrante de proteção do reino e do império. Além disso, os cavaleiros nas regiões de savana são capazes de percorrer as distâncias para encontrar sítios adequados a fundação de novos povoados e novas cidades resultantes da expansão do reino. Os fundadores são cultuados como **onilé**, o senhor da terra, e seus primeiros **balé**, oba+ilé, rei da terra.

É em Oyó que vamos encontrar à origem do culto aos Egungun, ancestres e ancestrais masculinos, guardiões da tradição, dos valores e regras societárias que garantem a proteção comunitária.

Um dos paramentos de muita significação do traje de Xangô é o **abala**, que se reproduz nos paramentos e trajes dos **egun agba**, os ancestrais mais antigos. Os abala são compostos de tiras de pano ornamentadas com desenhos simbólicos representando linhagens descendentes. Quanto mais antigo o egun agba, mais abalas sua roupa possui, mais descendência.

Uma história conta que egun, num dado momento, se apropriou da roupa de Xangô. Desse modo, os ancestrais têm também poderes "legiferantes", sua palavra tem força de lei, inclusive em relação ao próprio alafin, que só poderá assumir o trono depois de passar pelos rituais ministrados pelo **Alapini, ipekun ojé**, o sacerdote de hierarquia mais alta, que representa os cultos aos egungun no afin, no palácio.

Convém destacar também que o elexin, o cavaleiro, representa uma etapa importantíssima no desenvolvimento da espécie humana, ou seja, a da domesticação de animais e, sobretudo, o cavalo, bem como o uso de técnicas , armas e instrumentos que denotam o alvorecer da civilização e, portanto, toda a complexidade da vida nas cidades.

Fig.12 - **Elexin** - O cavaleiro também faz parte da simbologia do orixá Xangô, princípio da sociabilidade humana. A domesticação de animais, sobretudo o cavalo, caracteriza uma importante etapa da civilização e constitui-se em importante símbolo da realeza de Oyo. Escultura e foto de M. A. Luz

IBEJI

Ibi eji, nascidos dois, gêmeos, símbolo de fertilidade. Taiwo, Kehinde e Dou, compõem a simbologia dos dois gêmeos e ainda o irmão subsequente, portanto, na verdade eles são três. Como já vimos o número três representa movimento, continuidade e expansão. Sendo assim, a simbologia da fertilidade constituída pelos gêmeos é acrescida pela ideia de movimento em expansão com a presença de Dou.

Como símbolos de continuidade e expansão de vida no aiyê esse mundo, eles fazem parte do panteão do orixá Xangô, e de sua composição e enredo com o orixá Oxun.

Oxun é o orixá que rege os poderes e princípios femininos por excelência. Princípio de fertilidade e fecundidade feminina, ela cuida e protege os nascituros e os recém-nascidos até eles ultrapassarem a primeira infância.

Enquanto patrono da realeza que cuida e promove a expansão das famílias e linhagens do reino, da expansão de vida no aiyê, Xangô também é protetor das crianças, representado pelos Ibeji.

Ele é considerado, Iku, Baba, Iye Iye, Morte, Pai e Mãe, ancestralidade, paternidade e maternidade, que promove fluxo de vida ininterrupta nesse mundo.

Fig. 13- Ibeji - orixá que representa fertilidade contínua, os gêmeos, nascidos dois ibi + eji, e ainda o terceiro da gestação subsequente, denominados Tayo ou Tayewo, Kehinde e Dou ou Eta-okó, fazem parte da constelação de entidades do panteão do orixá Xangô e de sua relação com o orixá Oxun. Escultura e foto de M. A. Luz

IYA IBEJI

Iya Ibeji, mãe dos gêmeos, compõe a constelação de entidades relacionadas com os fundamentos do orixá Xangô. Os orixá, princípios femininos, Oxun e Iemanjá se constituem em representações da coletividade das Iya Agba nossas veneráveis mães. No que se refere aos enredos de Xangô, o orixá Iyemanja é considerada mãe e o orixá Oxun esposa. Ela compartilha, enquanto princípio feminino por excelência, do mistério da procriação, ventre fecundado que promove a expansão da vida nesse mundo.

A Iya Ibeji integra o festival Epa, em Ekiti, região da Nigéria. Nessa ocasião, acontece uma procissão ou um desfile de entidades que a cada vez trazem esculturas, emblemas, simbolizando aspectos de princípios, expressando a elaboração de mundo.

A representação da Iya Ibeji se caracteriza pela imagem de uma mulher jovem bela altiva e sensual, expressando placidez e plenitude sentada com as pernas afastadas onde estão sentados os ibeji. Eles expressam tranquilidade, garantidos por segurarem numa das mãos um dos seios da Iya e na outra mão o abebe, emblema símbolo dos poderes femininos na forma ventral de um leque, representando o útero fecundado, poder de maternidade, natureza feminina.

Na escultura por mim recriada, (cf. foto), aparece um ovo, caracterizando a próxima gestação, simbolizando fertilidade contínua e ainda, em relevo, um abebe torneado de partículas douradas.

O ovo e sua gema *pupa eiyn*, constituem elementos simbólicos característicos do orixá Oxun.

Nas bordas do entorno da base da escultura aparece imagem de água em movimento, caracterizando a simbologia desse elemento com os princípios da natureza regidos por esses orixá; Oxun, com a água corrente dos riachos e Iyemanjá, com as águas do rio e dos estuários com o mar.

As águas correntes de Oxun se associam ao corrimento menstrual, caracterizando poder feminino, capacidade de fertilização.

As águas do rio, princípio regido pelo orixá Iyemanja, estão associadas com a gestação e a maternidade, mistério da transformação do corpo feminino, gerando filhos e leite. Iyemanja, ou Iye mo já, Iye Omo Eja, mãe dos filhos peixes, ventre contendo água, gestadora de nascituros.

Na parte posterior da escultura, representando o poente, o passado, está a imagem de dois pássaros, elementos simbólicos constituintes dos poderes das Iya mi, nossas veneradas mães ancestrais, que se transfomam em sereias, mulher metade pássaro ou metade peixe, a proteger a tradição, a garantir nossa continuidade, segredo e mistério.

Fig.14 - **Iya Ibeji** representa os poderes e mistérios de nossas veneráveis mães ancestrais. Na recriação, a imagem da jovem mãe está sustentando duas crianças. Aparece, logo abaixo, o ovo caracterizando o poder da nova gestação e nele encrustado o abebe cravejado de partículas douradas, símbolo do orixá Oxun. Adornando a base, sucessão de ondas aludindo aos princípios femininos dos orixá que regem as águas. Nas suas costas, em direção poente, dois pássaros protetores, símbolos do poder e mistério das Mães Ancestrais. Escultura e foto M. A. Luz.

ESCULTURAS

Já houve quem aludisse à cultura tradicional africana como "floresta dos símbolos". A própria noção de floresta, **ibo**, se refere a um espaço sagrado, onde habitam espíritos, inclusive ancestrais, e onde ocorrem diversos ritos iniciáticos.

As esculturas obedecem às delimitações dos valores estéticos da arte, isto é, elas são símbolos, representação de ideias, noções ou conceitos da tradição cultural. Elas estão presentes na decoração de palácios ou fazem parte das instituições religiosas. Nesse caso, elas têm uma dimensão transcendente, pois se destacam do plano material para atuar no espiritual.

As esculturas podem estar presentes nos altares, **ojubo**, ou como parte dos paramentos que compõem as entidades nos festivais rituais.

A leitura dos símbolos se caracteriza por vários planos. O primeiro que já significa, diz respeito à qualidade da matéria, ou substância, da escultura. Referiremo-nos à madeira, que faz parte do atributo de determinados orixá. Basta dizer que de acordo com a tradição para cada ser humano que criava, **Oxalá**, orixá que representa o princípio masculino mais antigo da criação, criava uma árvore. Assim as árvores estão relacionadas à ancestralidade masculina.

As árvores ocupam uma presença importante no mundo sagrado, ramos e folhas podem representar filhos, descendência, ancestralidade masculina que garante a continuidade da vida por infindas gerações. Algumas são relacionadas ao culto aos ancestrais masculinos, e também presentes na simbologia do orixá **Xangô**.

As esculturas componentes do panteão do orixá **Xangô** são de madeira. Ele é o **alaafin**, o senhor do palácio, o rei, patrono das dinastias, da realeza de **Oyó**, capital política da tradição, que protege as comunidades e garante sua expansão com muitos filhos em sucessivas gerações.

Convém dizer ainda da importância do grupo de escultores, alguns são de famílias dedicadas a essa atividade por várias gerações e, portanto, muito respeitados nas sociedades tradicionais, não só pela técnica e estética adquirida ao longo dos anos, mas também pelo conhecimento da simbologia.

DIMENSÃO ESTÉTICA DA MÚSICA E DA DANÇA

Religião é palavra derivada do latim, *re-ligare*, que significa ligar, unir através de vinculações formadas no âmbito societário do sagrado, o ser humano agrupado ante o mistério da EXISTÊNCIA.

Na cultura negro-africana tradicional a religião é fonte da sociabilidade. As associações, as alianças comunais, as identidades são estruturadas e formadas através das instituições religiosas, sejam as de culto aos ancestrais, sejam as de culto aos princípios, as forças que governam a natureza. Os rituais religiosos acompanham o ciclo da vida, o curso do destino, do nascimento à morte ininterruptamente... A religião, através de sua visão de mundo, seus rituais e suas instituições é capaz de aplacar a angústia existencial característica do não saber, procura apaziguar a convivência com o mistério.

Sentimentos, emoções, paixões e elaborações comuns realizam o desejo de estar junto, se agrupar através da linguagem e dos valores sagrados num fluxo contínuo, por milênios desde África, desdobrando-se pela América, Afro-América.

Há pouco tempo, cientistas europeus decifraram o óbvio; o enigma era que em meio a ilustração de uma caçada nos desenhos ruprestes em uma caverna da África do Sul, o personagem humano não estava com a postura de um caçador. Foi então que depois de muito, perceberam e concluíram que era uma postura de alguém manifestado por uma entidade protetora.

Antes de se caracterizar como um ser social, os integrantes da tradição sociocultural de origem africana são seres constituídos e envolvidos pela relação dinâmica e dialética entre esse mundo e o além, entre o aiye e o orun, na língua yoruba.

Entre nós, lembremo-nos do festival de Oxalá, onde abrigamo-nos sob o alá, imenso pano branco estendido durante a procissão, mistério do existir, da criação, ar...

A presença do invisível, do inefável, do imponderável que acompanha o fluir dos destinos constitui as relações de sociabilidade.

Os rituais de oferendas promovem a circulação do axé, força sagrada, melhorando o destino inexorável individual ou coletivo, potência comunal.

Nada de significativo e importante deve ser feito sem mobilização de axé, sem a proteção dos ancestrais e dos orixá, para o que é de bom e bonito se realize.

A noção de odara em língua yoruba expressa, simultaneamente, bom e bonito, útil e belo. A arte magnifica de forma exuberante, a linguagem do sagrado proporcionando o encantamento. A liturgia é revestida de fascinante dimensão estética.

A religião não está baseada no código da escrita, "o livro sagrado", mas na combinação de diversos outros códigos, símbolos que compõem uma forma de comunicação que apela para todos os cinco sentidos. Contos narrados e dramatizados, poemas pronunciados e cantigas em língua yoruba, música de base percussiva, dança, gestos, vestes, joias, emblemas, esculturas, pintura, arquitetura, decoração, vegetação, etc. etc., compõem a linguagem comunitária.

MÚSICA

A música rítmica percussiva é elemento de grande significado no processo ritual, promove a relação entre os membros da comunidade reunida e desses com as entidades, ancestrais ou orixá.

Para se tornarem propiciatórios e consagrados, os instrumentos recebem axé como se diz, "os atabaques comem".

Também os integrantes da orquestra ritual, que possuem o título de alagbe, são preparados e confirmados ritualmente, eles executam variados ritmos de acordo com determinadas situações.

Dois aspectos da música sacra negra possuem formas e conteúdos que expressam a relação entre esse mundo, o aiyê e o além, o orun.

As varetas, aguidavi, ou as mãos batendo no couro do atabaque, ou batendo com o ferro na campânula do agogô, ditando o ritmo, promovem o som, capaz de mobilizar axé, de propiciar comunicação, de gerar ação. Terceiro elemento resultante da interação, o som, está relacionado a Exu, orixá patrono do movimento e da comunicação.

Também a música religiosa negra se caracteriza pela síncopa, pela percussão rítmica sincopada. A sincopa, como expressou Muniz Sodré, é a batida que falta, ausência que repercute e retorna num novo ciclo rítmico forte. Ela compõe a estrutura musical que expressa e representa a presença da ausência.

Esses dois aspectos, o do nascimento do som resultante da interação de dois outros elementos, e a estrutura musical sincopada, condensam e expressam a dinâmica entre o orun e o aiyê, o além o mundo invisível e esse mundo concreto, individualizado respectivamente. Deste modo, a música sagrada, na sua própria constituição exprime o mistério da EXISTÊNCIA característico da visão de mundo da tradição religiosa africano-brasileira.

A DANÇA DOS SÍMBOLOS

A dança combinada com a música percussiva e as cantigas com versos em língua yoruba e demais elementos, constituem a dramatização do sagrado, os diversos aspectos da visão de mundo, a cosmogonia expressa num conjunto de códigos de comunicação estética.

Através do corpo em movimento se estruturam gestos, que constituem uma dança dos símbolos que expressam conteúdos metafísicos e ontológicos, os mistérios do ser e do não ser, com uma singularidade, na tradição religiosa, o ser é, o não ser também é.

Assim como a síncopa expressa no ritmo musical, um aspecto dessa dimensão filosófica, a dança também possui movimentos característicos de interrupção e continuidade de movimentos. Na dança pés, pernas, tronco, ombros, braços, mãos, pescoço, cabeça, enfim todo corpo é chamado a dançar, a dramatizar.

Nos festivais religiosos durante o xirê, a comunidade reunida compartilha felicidade pela chegada das entidades com a atmosfera sagrada, onde a dança e a música qualificarão a qualidade de cada uma.

No que se refere aos orixá, à elaboração da classificação das forças cósmicas que governam o universo, às forças da natureza da qual fazemos parte integrante, podemos dar alguns exemplos de forma resumida.

O orixá Exu dança com seu emblema fálico, o ogó, instrumento com que afasta e desafasta, com que abre e fecha os caminhos, movimentos de ombro, ijika, estão presentes, e avanços e recuos em três direções, com o pé esquerdo na base, e ainda volteios com gingado dramatiza seu poder de dono das encruzilhadas, e do movimento.

As danças de Ogun são compostas de movimentos rápidos e enérgicos, segurando o seu emblema o agadá, espada de ferro, dramatiza luta e desbravamento. Orixá que representa o segredo da transformação do minério em metal, ele é patrono dos ferreiros, da criação dos instrumentos técnicos que impulsionam a espécie humana. Considerado o Siwaju, é o orixá que tem como princípio ser o que vai a frente, abrindo caminhos com luta e determinação.

Oxossi é o orixá dos princípios que promove o prover, o abastecer através da caça. É o patrono dos caçadores desde o alvorecer da humanidade. Em suas danças, ele segura seu emblema, o ofa, arco e flexa, e dança, dramatizando movimentos de uma caçada.

Xangô, é orixá que caracteriza o princípio da sociabilidade humana. A humanidade reunida em volta da fogueira, o fogo domesticado, impulsionando a vida comunal. Assim como o fogo pode também ter enorme poder destruidor, a vida social descontrolada se aproxima do caos. Cabe ao princípio da política a difícil arte da regência capaz de obter a harmonia comunal. Patrono da realeza, ele protege o rei, cavaleiro para obter a regência capaz de proporcionar a expansão da vida. A domesticação dos animais, específicamente do cavalo, é índice de sociabilidade humana e qualifica e simboliza as realezas do antigo império nagô yoruba. Um dos momentos que caracterizam a posse dos reis está em se apresentar montado a cavalo. As danças dramatizam essas situações.

Em suas lutas para enfrentar a anomia e manter a harmonia, Xangô, princípio do fogo, possui o poder de lançador de raios, o que o torna também absolutamente temido e respeitado.

A dança emblemática de Xangô se combina com o ritmo alujá em que com movimentos de braços e mãos e com a agilidade dos pés realizando codaças dramatizam seu idan, seu poder, trazendo e lançando pedras de raios a direita e a esquerda.

Os orixá Nanan e seu dois filhos, Obaluaiyê e Oxumarê, constituem os princípios da restituição. Eles representam diferentes aspectos do ciclo vital. "Vai-se para dar vez a outros" é a dinâmica do princípio de equilíbrio e justiça. Nanan dança com gestos de braços e das mãos, recolhendo para o interior da terra, realizando a restituição. Também dança com gestos que dramatizam estar pilando num pilão imaginário. Seu emblema, o ibiri, confeccionado com taliscas de palmeira enfeixados no formato de um útero, representa um conjunto de ancestralidade que sustenta novos nascimentos. Obaluaiye dança com seu emblema, o xaxará, também em forma cônica, porém aberto na ponta como uma vassoura, representando seu poder de comandar os ancestrais, realizando o princípio que rege, varrendo e fazendo cessar as doenças. Assim como Nanan, dançam abaixados, inclinados para a terra, onde se processa o mistério do ciclo vital.

Oxumaré constitui o princípio do fluxo do ciclo vital e a diversidade da EXISTÊNCIA. O arco íris expressa com sua multiplicidade de cores e sua trajetória, emergindo e retornando para terra, as características do poder do orixá. O seu ritmo emblemático é a avania, e a dança, é com movimentos e volteios deslumbrantes encenando o arco íris.

As aiyaba, nossas veneráveis mães, têm nos orixá das águas uma representação coletiva, poderes e princípios dos poderes femininos da existência. Suas vestes e suas danças aludem ao mistério do ventre fecundado, concepção, gestação, maternidade, formas e movimentos ondulares e circulares, ovais, ventrais. O ritmo característico é o ijexá, Oxun representa fertilidade, Iyemanjá, maternidade...

Orixá nla, ou Oxalá, o grande e poderoso orixá, princípio mais antigo da existência, o ar, ao qual todos o seres viventes estão ligados, é responsável pela criação dos seres habitantes do aiyê. Princípio masculino, ele carrega o mundo apoiado no cetro da criação o opaxorô. Seu ritmo emblemático é o igbin. Dança, pausadamente, expressando solenidade, respeito e devoção.

Com essa ilustração sumária queremos concluir que a dança tradicional africano-brasileira nagô expressa aspectos da visão de mundo, da cosmogonia da religião. São os princípios atemporais da EXISTÊNCIA atualizados em cada ciclo ritual que acontece a estética que magnífica o sagrado.

Não podemos deixar de realçar alguns aspectos do culto aos ancestrais masculinos os Baba Egun ou Egungun originários de Oyó capital política do antigo império nagô-yoruba.

Os Baba Agba, ancestres ou ancestrais, nos ilê axé, nas casas de axé onde são cultuados, são espíritos dos antigos sacerdotes, os ojé, que se foram desse mundo e hoje, através do ritual, se apresentam em aparições com lindos trajes, axó, característicos dessa tradição. Eles chegam para se divertir, emanando alegria, distribuindo axé, reforçando a comunidade e os valores éticos e estéticos para que todos estejam bem para manter a tradição e a linguagem sagrada. Eles constituem a raiz, as linhagens inaugurais de uma comunalidade.

A continuidade da tradição encontra nos festivais anuais momentos de reforço das vinculações de fraternidade, a pulsão de sociabilidade.

No contexto da estética do sagrado, se desenvolve o xirê, a música e a dança são fundamentais para a comunicação litúrgica. Impávido e altivo, cada Baba egun possui suas músicas e danças favoritas. Em determinados momentos, se atinge um clímax religioso, isto é, a *re-ligação* entre a música da orquestra ritual percussiva, o canto solo de quem tira a cantiga, a resposta do coro dos demais fiéis participantes, acompanhados com o ritmo das palmas, combinando-se com a evolução das danças dos Baba, integrando num só corpo comunitário a alegria de EXISTIR.

AFOXÉ É DE ORIGEM NOBRE

Mãe Senhora, Iyalorixá Oxun Muiwa e Iyanassô, esse título recebido do Alaafin Oyó, rei de Oyó, a capital política do reino nagô-yoruba onde Xangô é o orixá patrono, demarcava a territorialidade de seus poderes com a frase "– da porteira prá dentro, da porteira para fora", querendo destacar a soberania absoluta da tradição que assegura a continuidade do axé, dos ilê axé das casas de axé.

Se por um lado, no que se refere à liturgia, aos preceitos rituais, os poderes hierárquicos da tradição são absolutos, no que se refere às ações projetadas para fora, elas entram em espaços de luta e afirmação.

É aqui nesse contexto que se situam os afoxés, cujas armas são a estética do encantamento composta de beleza e alegria, valores da linguagem, da tradição nagô se espraiando pelo espaço urbano do carnaval.

Nas vilas e cidades nagô-yoruba na África é comum festivais religiosos acontecerem em espaços públicos, as entidades desfilam acompanhadas pelo povo em procissão, como o culto Gelede, dedicado as Mães Ancestrais, em Ketu; festivais do culto aos Egungun, os Baba Egun, os ancestrais masculinos, em diversas cidades do antigo império yoruba; a famosa procissão do Ataojá ao rio Oxun para as oferendas ao rei Laro, ancestral fundador da cidade de Oshogbo, onde Oxun é o orixá patrono, ocasião que ocorre a visita de vários reis vizinhos que reforçam os laços de amizade; o festival Epa, em Ekiti, onde ocorre um cortejo de entidades que proporciona a elaboração da saga da humanidade, na presença das maiores autoridades locais, dentre muitos e muitos outros cortejos.

No Brasil, num contexto histórico adverso, para manter viva essas tradições africanas dos cortejos, eles acontecem em meio a certas referências católicas como a procissão da sociedade de Nossa Senhora da Boa Morte, em Cachoeira, a famosa Lavagem do Bonfim, em Salvador, e tantas mais, sem mencionarmos outras referências africano-brasileiras como os cortejos dos Maracatus, em Pernambuco, as Congadas de Minas Gerais, a coroação dos reis e rainhas do congo, espalhadas pelo país.

O carnaval abre possibilidades de novos embates para ocupação do espaço público. Algumas instituições se deslocam, estrategicamente, do espaço das referências católicas para o carnaval, como, por exemplo, os Maracatus.

O afoxé Troça Carnavalesca Pai Buruko, foi fundado em Salvador por Deoscoredes Maximiliano dos Santos, descendente da tradicional linhagem Asipa, nos dias de hoje, Mestre Didi Alapini, na roça do Ilê Axé Opo Afonjá, no tempo da inesquecível Mãe Aninha, Iyalorixá Oba Biyi, nos fins da década de 30. Ele e mais alguns amigos seguiram as orientações da avó Aninha, e depois de algumas tratativas foi criado o Pai Burukô.

Afoxé é palavra da língua yoruba composta de duas outras palavras, afo, que é sopro, hálito que acompanha a emissão da palavra pronunciada, de quem a pronuncia, e axé, que em geral se traduz por força espiritual, força emanada de uma visão sagrada de mundo.

Deste modo, o afoxé irradia o axé dos cânticos e das músicas de quem compõe e participa da expansão de seu som. A levada das mensagens dos integrantes do grupo carnavalesco se faz através do ritmo ijexá, que é característico de Oxun, patrona da música.

Os instrumentos são, basicamente, pequenos tambores ou atabaques, os agogô, os xekeré, e ainda, na partida também os clarins para a execução do hino.

Antes de mais nada, porém, para que as mensagens sejam bem recebidas, e tudo corra bem, são feitos os preceitos necessários às entidades para que protejam e abram os caminhos por onde circulará a Troça [...]

O Pai Burukô canta e dramatiza os valores e os desejos de liberdade de sua gente, afirmando desde suas vestimentas, o cabedal de herança do contínuo civilizatório africano e as estratégias da luta de reposição e afirmação existencial no contexto em que acontece.

O afoxé possui alguns momentos característicos após o hino, afirmações e reinvindicações como nos versos, "jiribumbum, qui tera é nossa", "visitá governadô prá esse vida miorô", a dramatização do "oluô" que brinca com os assistentes "jogando búzios", "aile aila Buruko já vai jogá", a "fuga", "pai Buruko soldadevém", "entra em beco sái in beco", as brincadeiras ao som do ijexá ou do samba de roda, "o samba aqui tava bão gente de fora chego trapaiô", as despedidas, " minha gente vam simbora qui o vapo já suviô essa gente anda dizendo qui o agogô num presto..."

O afoxé vai evoluindo no ritmo encantador do ijexá e na alegria de seus componentes irmanados na liberdade da afirmação de seus valores através da brincadeira, da troça, Troça Carnavalesca Pai Buruko.

As mensagens que aludem a trajetória da luta de liberdade pelos direitos de territorialidade, cantadas em yoruba ou no português dos antigos africanos atualizam num aqui e agora a alegria e o prazer de pertencer ao afoxé.

ENCANTAMENTOS DE UM ENCANTADO

Uma aparição solo, cintilante e luminescente no videoclipe *Don't Stop'til You Get Enough* anuncia uma nova fase, para além do Jackson's Five, que não fora o bastante.

Com *Billie Jean*, o fantástico e o extraordinário se anunciam. Personagem com mágicos poderes, visível e invisível, enfrenta perseguições e incandesce o que toca.

A linguagem então já se caracteriza como um desdobramento da bacia semântica das formas de comunicação e dos valores estéticos das tradições africanas e afro-americanas.

Triller consuma essa nova territorialização no âmbito da indústria cultural. O medo da morte se contrapondo à convivência com os ciclos vitais. O ser e o não ser, ou ser o outro simultaneamente, vida e morte numa mesma transição. Estamos envolvidos pelo mistério de sabermos que não sabemos. O mistério da passagem.

Em *Bad*, as intervenções sociais. A luta das *gangs* não pode ser todos contra todos, mas todos por valores expressos na adesão à dimensão estética de uma música, uma dança, uma dramatização; uma linguagem *Black*, afro-americana, e quem é mau?

Em *Black or White*, o novo não é compatível com a atitude de se passar a vida sentado como um paxá em frente do televisor. O som explode com o mundinho puritano pequeno burguês e a narrativa se reinicia na África, e então o corpo se movimenta pelas danças do mundo que identificam povos, e a mensagem é:

> But, if
> You're thinking
> About my baby
> It don't matter if you're
> Black or White

Numa tradução livre resumida, digo: se está pensando em amor, não importa se você é negro (a) ou branco (a).

Depois da famosa sequência dos rostos em transformações diversas, caracterizando a espécie humana, segue um novo momento da narrativa. Para que o amor liberto de preconceitos se realize, é preciso superar os obstáculos de outra ordem de valores.

Há que se transformar em pantera negra, *Black Panther*, e com seus poderes se transformar na imagem do malandro, do que recusa a adesão ao *american way of life*. Traduzo esse personagem como a imagem de uma entidade, o Zé Pilintra, para nós brasileiros. Com seus poderes, ele vê passar ao léu, ao sabor da ventania, páginas de jornal, palavras impressas ao sabor do vento; em seguida, parte para ação, detonando, ao ritmo da dança, os símbolos da modernidade, primeiramente o automóvel, o hotel das forças armadas, os anúncios de neon e a moral sexual puritana liberando a genitália.

Prevendo a censura, uma cena final apresenta o papai Simpson desligando a TV para o filho não assistir.

Em *Remember the Time,* o fabuloso transparece de modo mais enfático, e ele brota no Egito antigo, faraônico, negro-africano, berço da civilização – "Michael, eles não cuidam da gente!", *They Don't Care About Us*, também nos comove pela escolha do cenário brasileiro, Bahia e Rio, no país que mais se caracterizou pela concretização da política de branqueamento, e das teorias da eugenia, incluindo a tática genocida do abandono das populações não brancas desde D. JOÃO VI até os dias atuais.

No Pelourinho, depois de tirar o cassetete do guarda, ele dança com o tambor do Olodum no local que foi antigo símbolo da história da repressão colonial e neocolonial.

Em *Earth Song,* os poderes do personagem se levantam contra a destruição da Terra por guerras e pela gananciosa e inaudita exploração da natureza, revertendo essa situação.

Falar o quê das técnicas constitutivas das mensagens, ou do talento de cantor, compositor, arranjador, intérprete, dançarino, coreógrafo, figurinista, cenógrafo...

Certa época, milhares de milhões dançavam pelas ruas imitando... encantadas.

Quanto às críticas, ele responde com videoclipe em que transita como um aviador, dirigindo um avião desses de parque de diversões, voando e atravessando em meio às feras, cobras e cães de paletó e gravata e línguas grandes rodeados por tabloides sensacionalistas. Na sequência, o gigante deitado começa a se levantar, se libertando das amarras e então se ergue impávido e imponente: **Leave Me Alone**.

REFERÊNCIAS

(1) GORENDER, Jacob. *O escravismo colonial*. São Paulo: Ática, 1978. p. 456.

(2) MATTOSO, Kátia. *Être esc/ave au Brésil - XVI-XIX siécle*. Paris: Hachette, 1979. p. 50.

(3) EWBANK, Thomas. *A Vida no Brasil*. Rio de Janeiro: Conquista, 1973. v. 1, p. 180.

(4) FRAGINALS, Manuel M. Aportes culturales y desculturación. In:______. (Ed.). *Africa en America Latina*. México: UNESCO: Siglo Veintiuno, 1977. p. 14.

(5) PEIXOTO, Afrânio. *Clima e saúde*. São Paulo: Nacional, 1938. p. 67. (Coleção Brasileira). p. 52.

(6) RODRIGUES, Nina. *Os africanos no Brasil*. São Paulo: Nacional, 1935. p. 29 – 35.

(7) RAMOS, Arthur. *O negro brasileiro*. Rio de Janeiro: Civilização Brasileira, 1934. , p. 29.

(8) SENNA, Orlando. Preto e branco ou colorido: o negro e o cine-ma. *Revista Vozes*, Petrópolis, n. 3, abr. 1979. Número especial: **O negro e a abolição.** p. 54.

(9) Ibid., p. 54.

(10) BERNARDET, Jean-Claude. *Cinema brasileiro*: proposta para uma história. Rio de Janeiro: Paz e Terra, 1979. p. 12

(11) MINTZ, Sidney W. África en America-Latina, una reflexión des-prevenida. In:______. (Ed.). *Africa en America Latina*. México: UNESCO: Siglo Veintiuno, 1977. p. 378.

(12) CAVALCANTE, Carlos. *Como entender a pintura moderna*. Rio de Janeiro: Civilização Brasileira, 1963. p. 25.

(13) FRAGINALS, Manuel M. Aportes culturales y desculturación. In:______. (Ed.). *Africa en America Latina*. México: UNESCO: Siglo Veintiuno, 1977. p. 33.

(14) BERNARDET, Jean-Claude. *Cinema brasileiro*: proposta para uma história. Rio de Janeiro: Paz e Terra, 1979. p. 50 – 51.

(15) RODRIGUES, Nina. *Os africanos no Brasil*. São Paulo: Nacional, 1935. p. 11.

(16) SANTOS, Juana E. dos. *Os nagô e a morte*. Petrópolis, RJ: Vozes, 1976. p. 16-17.

(17) Ibid., p. 17.

(18) Ibid., p. 18.

(19) Ibid., p. 25.

(20) LÉVI-STRAUSS, Claude. *La pensée sauvage*. Paris: Plon, 1962.

(21) Id. *Le totemisme aujourd'hui*. Paris: PUF, 1965.

(22) BAMBOOZLED. Direção e roteiro: Spike Lee. Produção: Jon Kilik e Spike Lee. Direção de Arte: Harry Darrow. Intérpretes: Damon Wayans; Savior Glover; Jada Pinkett e outros. Desenho de Produção: Victor Kempster. **Música:** Terence

Blanchard . [S.l.]: New Line Cinema distribuidora, E U A, 2000. 1 DVD (136 min.), son., color. Gênero: comédia.

(23) RODRIGUES, Nina. *O animismo fetichista dos negros baianos*. Rio de Janeiro: Biblioteca de Edição cientifica, 1935. p. 138.

(24) LAPASSADE, Georges; LUZ, Marcos Aurélio. *O segredo da macumba*. Rio de Janeiro: Paz e Terra, 1972.

(25) MULAGO, Vincent. La religion traditionnelle, element central de Ia culture Bantu. LOUS-VICENT, Tomas. *Les religions africaines comme source des valeurs de civilisation*. Paris: Présence Africaine, 1972. p. 115.

(26) AGUESSY, Honorat. Les religions africaines comme effet et source de Ia civilisation de l'oralité. In: COLLOQUE INTERNATIONAL SUR LES RELIGIONS TRADITIONNELLES AFRICAINES, 1970, Cotonou. *Actas...* Paris: Présence Africaine, 1972. 426 p. Les religions africaines comme source de valeurs de civilisation. p. 27.

(27) SANTOS, Juana E. dos. *Os nagô e a morte*. Petrópolis, RJ: Vozes, 1976. p. 30 – 52.

(28) SANTOS, Deoscoredes M. dos; SANTOS, Juana E. Religión y cultura negra. In: FRAGINALS, M. M. (Ed.). *África em America Latina*, México-DF; Siglo Vientiuno-UNESCO,1.977. p. 103-128.

(29) Ibid., p. 103-128.

(30) Ibid., p. 159.

(31) PEREIRA, Nunes. *A casa das minas*. Petrópolis, RJ: Vozes, 1979.

(32) SANTOS, Juana E. dos. *Os nagô e a morte*. Petrópolis, RJ: Vozes, 1976. p. 137.

(33) Ibid., p. 135.

(34) Ibid., p. 39.

(35) MULAGO, Vincent. La religion traditionnelle, element central de la culture Bantu. LOUS-VICENT, Tomas. *Les religions africaines comme source des valeurs de civilisation*. Paris: Présence Africaine, 1972.

(36) LAPASSADE, Georges; LUZ, Marco Aurélio. *O segredo da macumba*. Rio de Janeiro: Paz e Terra, 1972. p. 95.

(37) ORTIZ, Renato. *A morte branca do feiticeiro negro*. Petrópolis, RJ: Vozes, 1978.

(38) MULAGO, Vincent. La religion traditionnelle, element central de la culture Bantu. LOUS-VICENT, Tomas. *Les religions africaines comme source des valeurs de civilisation*. Paris: Présence Africaine, 1972. p. 116.

(39) MULAGO, Vincent. La religion traditionnelle, element central de la culture Bantu. LOUS-VICENT, Tomas. *Les religions africaines comme source des valeurs de civilisation*. Paris: Présence Africaine, 1972. p. 120.

(40) SANTOS, Juana Elbein dos. A percepção ideológica dos fenômenos religiosos. *Revista Vozes*, Petrópolis, n. 7, set. 1977. Sincre-tismo religioso. p. 26-27.

(41) MULAGO, op. cit., p. 151.

(42) SANTOS, Juana E. dos. *Os nagô e a morte*. Petrópolis, RJ: Vozes, 1976. p. 137.

(43) SANTOS, Juana Elbein; SANTOS, Deoscoredes A. Nagô no Brasil. *Revista USP*, n. 18, p.41-51, jun./jul. 1993. p. 51.

(44) SANTOS, Juana Elbein; SANTOS, Deoscoredes A. O culto dos Ancestrais na Bahia: o culto dos Égun. In: MOURA, Carlos Eugênio Marcondes de. (Org.). ***Olóòrìsà*: **escritos sobre a religião dos orixás. São Paulo: Ágora, 1981. p. 185.

(45) Ibid., p. 188.

(46 SANTOS, Deoscoredes A. *Contos crioulos da Bahia*. Petrópolis, RJ: Vozes, 1976.

(47) Ibid., p. 11.

(48) Ibid., p. 16.

(49) Ibid., p. 16.

(50) BASTIDE, Roger. Estudo atual da pesquisa afro-americana na América-Latina. *Boletim Sárepegbé*, Salvador, v. 1, n. 2, 1975.

(51) Ibid.

(52) MACLUHAN, Marshall H. *A galáxia de Gutemberg*. São Paulo: Na-cional: USP, 1972.

(53) SANTOS, Deoscoredes A. *Contos crioulos da Bahia*. Petrópolis, RJ: Vozes, 1976.

(54 BASTIDE, Roger. Estudo atual da pesquisa afro-americana na América-Latina. *Boletim Sárepegbé*, Salvador, v. 1, n. 2, 1975.

(55) Ibid., p. 9.

(56) CAVALCANTE, Carlos. *Como entender a pintura moderna*. Rio de Janeiro: Civilização Brasileira, 1963.

(57) Ibid., p. 125.

(58) Ibid., p. 197.

(59) BALOGUN, Ola. A escultura dos signos na obra do artista africano, uma visão coletiva do mundo. *Correio da Unesco*, Rio de Janeiro: FGV, v. 5, n. 7, 1977.

(60) SANTOS, Juana E. dos. *Os nagô e a morte*. Petrópolis, RJ: Vozes, 1976. p. 106-107.

(61) Ibid., p. 24.

(62) Ibid., p. 99.

(63) Ibid., p. 99.

(64) VALENTIM, Rubem. *Manifesto ainda que tardio:* depoimentos redundantes, oportunos e necessários. Bahia, Rio de Janeiro, São Paulo, Brasilia, 1976. Exposição

(65) Ibid.

(66) Ibid.

(67) SANTOS, Juana Elbein. A percepção ideológica dos fenômenos religiosos. *Revista Vozes*, Petrópolis, n. 7, set. 1977. Sincre-tismo religioso. p. 24.

(68) HOORNAERT, Eduardo. Pressupostos antropológicos para a com-preensão dó' sincretismo. *Revista Vozes*, Petrópolis, n. 7, 1977. p. 49.

(69) VALENTIM, Rubem. *Manifesto ainda que tardio:* depoimentos redundantes, oportunos e necessários. Bahia, Rio de Janeiro, São Paulo, Brasilia, 1976. Exposição.

(70) Ibid.

(71) Ibid.

(72) SANTOS, Juana E. dos. *Os nagô e a morte*. Petrópolis, RJ: Vozes, 1976. p. 37

(73) LIMA, Luiz Costa; KATZ, Chaim; DÓRIA, Francisco A. *Dicionário básico de comunicação*. Rio de Janeiro: Paz e Terra, 1975.

(74) Ibid.

(75) VALENTIM, Rubem. *Manifesto ainda que tardio:* depoimentos redundantes, oportunos e necessários. Bahia, Rio de Janeiro, São Paulo, Brasilia, 1976. Exposição.

(76) Ibid.

(77) LUZ, Marco Aurélio. Do negro como objeto de ciência aos estu-dos negros. *Revista Vozes*, n. 3, Petrópolis, n. 3, 1979. Número especial: O negro e a abolição.

(78) BASTIDE, Roger. *El proximo y el estranõ:* el encontro de las civilisaciones. Buenos Aires: Amarrortu, 1970.

(79) BASTIDE, Roger. *Estudos afro-brasileiros*. São Paulo: Perspectiva, 1973.

(80) AMADO, Jorge. *Tenda dos milagres*. São Paulo: Martins, 1973.

(81) AUZIAS, Jean Marie. *Antropologia contemporânea*. São Paulo: Cultrix, 1976.

(82) AZEVEDO, Thales de. *Cultura e situação racial no Brasil*. Rio de Janeiro: Civilização Brasileira, 1966.

(83) LANDIER, Georges. *Antropologia política*. São Paulo: Difel-USP, 1969.

(84) CABRERA, Lydia. *Refranes de negros viejos*. Miami: C.R., 1970.

(85) FEUSER, Wilfried. *A spectos da literatura do mundo negro*. Salva-dor: CEAO/ UFBA, 1969.

(86) FOUCAULT, Michel. *História da loucura*. São Paulo: Perspectiva, 1978.

(87) FREUD, Sigmund. El porvenir de una ilusión. In: ______. *Obras completas*. Madrid: Biblioteca Nueva, 1968a. v. 2.

(88) FREUD, Sigmund. Totem y tabu. In: ______. *Obras completas*. Madrid: Biblioteca Nueva, 1968b. v. 2.

(89) HASENBALG, Carlos. *Discriminação e desigualdades raciais no Brasil*. Rio de Janeiro: Graal, 1979.

(90) LA PORTA, Ernesto M. *Rituais afro-brasileiros*. Rio de Janeiro: Atheneu, 1979.

(91) LÊNIN, Vladimir I. Cultura e revolução cultural. Rio de Janeiro: Civilização Brasileira, 1968.

(92) LUZ, Marco Aurélio et al. *Epistemologia e teoria da ciência*. Petrópolis, RJ: Vozes, 1970.

(93) MOURA, Clovis. *O negro de bom escravo a mau cidadão?* Rio de Janeiro: Conquista, 1977.

(94) NASCIMENTO, Abdias do. *Quilombismo*. Petrópolis, RJ: Vozes, 1980.

(95) NASCIMENTO, Beatriz. O quilombo do Jabaquara. *Revista Vozes*, Petrópolis, n. 3, abr. 1979. Número Especial: O negro e a abolição.

(96) OLIVEIRA, Roberto C. de. *Identidade, etnia e estrutura social*. São Paulo: Pioneira, 1976.

(97) SANTOS, Deoscoredes M. dos. *Axé Opô Afonjá*. Rio de Janeiro: Instituto Brasileiro de Estudos Afro-Asiáticos, 1962.

(98) SANTOS, Deoscoredes M. *Contos de nagô*. Rio de Janeiro: GRD, 1963.

(99) SANTOS, Deoscoredes M. *Contos negros da Bahia*. Rio de Janeiro: GRD, 1961.

(100) SANTOS, Juana E. dos. O Negro e a abolição. *Revista Vozes*, Petrópolis, n. 3, abr. 1979. Número Especial: O negro e a abolição.

(101 SANTOS, Juana E. dos. O ethos negro no contexto brasileiro. *Revista Vozes*, Petrópolis, n. 9, 1977. Cultura Negra e as Semanas Afro-Brasileiras.

(102) SODRÉ, Muniz. O negro e os meios de informação. *Revista Vozes*, Petrópolis, n. 3, abr. 1979. Número Especial: O negro e a abolição.

(103) TUNER, Victor. *The Forest of symbols*. London: Comell Univer-sity, 1972.

Formato	17x24 cm
Tipologia	ZapfEllipt BT
Papel	75g/m² (miolo) Cartão Supremo 250 g/m² (capa)
Impressão	Lis Gráfica
Tiragem	1000